AF357478

DE L'ORIGINE DU DROIT D'AMORTISSEMENT.

Par Me EUSEBE DE L****, Avocat au Parlement.

A PARIS,

Chez JERÔME BOBIN, au cinquiéme
Pillier de la grande Salle du Palais, du
côté de la Chapelle, à l'Esperance.

M. DC. XCII.

AVEC PRIVILEGE DU ROY.

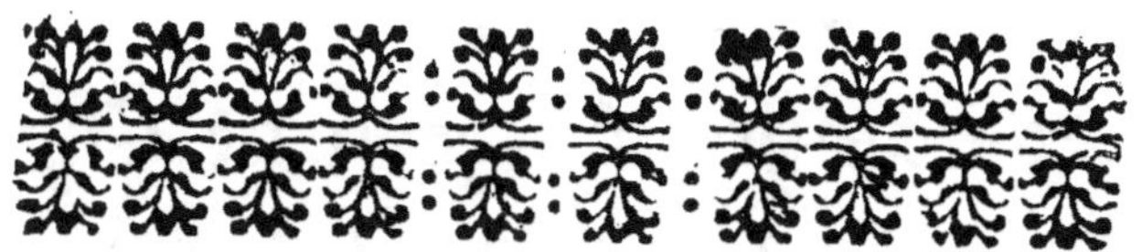

PREFACE.

COMME il y a des Auteurs [*] qui ont ofé foûtenir que le Droit d'Amortiffement eft contraire aux immunitez Ecclefiaftiques, on a crû qu'il ne feroit pas inutile d'entreprendre la défenfe de ce Droit, & de faire voir, en expliquant fon origine, qu'il eft un des plus juftes de la Couronne.

C'eft le deffein qu'on a eu

* Petr. Jacob. in prat. tit. in quibus ca. Vaf. Feud. amittat. Chaffan. in conf. Burg. rub. 9. des mains-mortes. Beffian. in conf. Arvern. cap. 21. art. 14. Petr. Peckius de Amortifatione bon. cap. 6.

en compofant ce petit Ou-
vrage, où l'on a apporté toute
l'exactitude qu'on a pû car ;
non feulement on n'y a rien
avancé qu'on n'ait appuyé de
plufieurs autoritez, mais on
y a encore ajouté deux fortes
de preuves.

Les premiéres font d'an-
ciennes Ordonnances, & d'anciennes inftructions differentes de celles que Bacquet nous
a données. Il y en a de Françoifes & de Latines. Les
Françoifes font tirées d'un ancien Regiftre qui a appartenu à Monfieur P. Pithou,
& que Monfieur Defmarés
ancien Avocat au Parlement
a eu la bonté de me commu-

niquer. Quant aux Latines, elles ont deja été imprimées dans l'ancien Stile du Parlement de l'édition de Galliot du Pré. Mais on a jugé à propos de les faire réimprimer, parce qu'elles font souvent citées par nos Auteurs, & qu'elles ont été obmifes dans l'édidition de l'ancien Stile du Parlement, que du Moulin nous a procurée, & dans toutes les éditions fuivantes.

Les fecondes preuves font compofées d'anciens Actes tirez des Mémoires de Befly, Confeiller & Avocat du Roi au Siége de Fontenay le Comte ; & d'anciens Arrefts qui m'ont été communiquez

ã iij

par Monsieur Loger Avocat
au Parlement, & qui méritoient
d'être donnez au Public.

On espére que ce petit Ou-
vrage ne déplaira pas à ceux
qui *prendront la peine de le lire*, & si l'on est assez heureux
pour qu'il leur soit agreable,
on donnera dans peu les In-
stitutes coûtumiéres de Loisel, avec de nouvelles observations qui seront courtes &
exactes.

LOUIS PAR LA GRACE DE DIEU, ROY DE FRANCE ET DE NAVARRE : A nos amez & feaux, les Gens tenans nos Cours de Parlement , Grand Conseil , Maîtres des Requeſtes ordinaires de nôtre Hôtel, Baillifs, Senéchaux, Prevôts, Juges, leurs Lieutenans , & tous autres nos Officiers qu'il appartiendra , Salut. NÔTRE bien-amé EUSEBE DE LAURIERE , Avocat en Parlement, Nous a fait remontrer , Que l'Eſtude particuliére qu'il fait depuis long-temps de nôtre Juriſprudence Françoiſe , luy ayant fait voir qu'il étoit difficile d'y faire de grands progrés ſans remonter juſqu'à la ſource ; il a toûjours tâché de l'étudier hiſtoriquement. Et comme cette Methode l'a convaincu , non-ſeulement qu'il y avoit plus de découvertes à faire dans nôtre Droit François , & pour le moins d'auſſi belles que dans le Droit Romain, dont pourtant tout le monde eſt ſi fort prévenu ; mais auſſi que la plûpart des fautes qu'ont fait ceux qui l'ont manié juſqu'icy, viennent de ce qu'ils n'en ont pas aſſez connu l'Origine : il a crû qu'il falloit prendre de cette maniére chaque matiére en particulier, & faire des Diſſertations de chacune. Et parce qu'il a trouvé en faiſant celle des Amortiſſemens, que les Rois nos Predeceſſeurs qui les établirent, ne le firent pas moins pour l'Egliſe que pour leur Couronne ; il croiroit ne pas faire une choſe moins agréable aux Eccleſiaſtiques de nôtre Royaume, qu'utile à nos intereſts de la donner au Public, & nous a tres-humblement fait ſupplier de luy accorder à cet effet nos Lettres de Privilege à ce neceſſaires. A CES CAUSES, voulant favorablement traiter l'Expoſant, & l'exciter à continuer l'Etude de la Juriſprudence Françoiſe, particuliérement de nos Coûtumes, & à ſon exemple les perſonnes de ſa profeſſion de le faire auſſi par raport à nos Droits : NOUS luy avons permis & accordé, permettons & accordons par ces Preſentes, de faire imprimer *ſa Diſſertation du Droit d'Amortiſſement*, en tel

Volume , marges & caractére & autant de foisque bon lui femblera , pendant le temps de huit années confecu-
tives, à commencer du jour qu'elle fera achevée d'imprimer pour la premiére fois , la faire vendre & debiter
par tout nôtre Royaume & Terres de
nôtre obeïffance. Faifons deffenfe à tous
Libraires , Imprimeurs , & autres , de
l'imprimer , faire imprimer , vendre
ni debiter fous quelque pretexte que
ce foit , même d'impreffion étrangé-
re , ou utrement , fans le confentement de l'Expofant , ou de fes ayans
caufe , à peine de confifcation des
Exemplaires contrefaits, & de trois mille livres d'amande, payables fans déport
par chacun des Contrevenans , appli-
quables un tiers à Nous , un tiers à
l'Hôtel-Dieu de Paris , & l'autre tiers
à l'Expofant, & de tous dépens, dommage, & interefts. A la charge d'en fournir
deux Exemplaires en nôtre Bibliothe-
que publique, un en celle du Cabinet de
Livres de nôtre Château du Louvre, &
en celle de nôtre tres-cher & féal
Chevalier le Sieur BOUCHERAT
Chancelier de France , d'en faire faire
l'Impreffion dans nôtre Royaume & non

silleurs, en beau caractere & papier, conformément à nos Reglemens de mil six cent soixante & dix-huit, & mil six cent quatre-vingt six, & de faire regiftrer les Prefentes és Regiftres de la Communauté des Marchands Libraires de nôtre bonne Ville de Paris, à peine de nullité des Prefentes : Du contenu defquelles vous mandons & enjoignons faire joüir & ufer l'Expofant, où ceux qui auront droit de luy, pleinement & paifiblement, ceffant & faire ceffer tous troubles & empêchemens au contraire. Voulons qu'en mettant au commencement ou à la fin de ladite Differtation l'Extrait des Prefentes, elles foient tenuës pour dûëment fignifiées, & qu'aux Copies collationnées par un de nos amez & feaux Confeillers Secretaires, foy foit adjoûtée comme au prefent Original. Commandons au premier nôtre Huiffier ou Sergent fur ce requis, faire pour l'execution des Prefentes, tous Exploits, Significations, & autres Actes de Juftice neceffaires, fans demander autre permiffion : CAR tel eft nôtre plaifir. DONNE' à Paris le fixiéme jour de Juillet, l'an de grace mil six cents quatre-vingt-dou-

ze, & de nôtre Regne le cinquantiéme.
Signé par le Roy en son Conseil,
D U G O N O. Et scellé du grand Sceau
de cire jaune.

Regiſtré ſur le Livre des Libraires, &
Imprimeurs de Paris le dixiéme Juin 1692.
        Signé P. A u b o u y n, Syndic.

Ledit Sieur D e L a u r i e r e, a cedé son
droit du preſent Privilege à J e r ô m e
B o b i n, Marchand Libraire, pour
en joüir ſuivant l'accord fait entr'eux,

Achevé d'imprimer pour la premiére fois,
le 15. Septembre 1692.

Fautes à corriger.

PAge 6. lig. 14. incapable , *ajoûtez*, comme les Levites & les Apôtres.

Page 7. lig. 12. *lisez*, lorsque.

Page 27. lig. 10. perdre , *ajoûtez* , de cette , &c.

Page 31 lig. 5. Loysel, *lisez* Loisel.

Page 39. lig. 10. auroient, *lisez* avoient

Page 48. lig. 4. dedins , *lisez* dedens.

Page 62. lig. 7. Colla-toris, *lisez* Colla totis.

Page 70. *à la note col.* 2. lig. 3. aposé , *lisez* opposé.

Page 86. lig. 18. ne peut point aussi , *effacez* aussi.

Page 89. lig. 6. resous , *lisez* resons.

Page 107. *ligne* 7. que de les mettre, *effacez* de.

Page 113. lig. 14. *lisez* Seigneurs suzerains.

Page 143. *à la note col.* 1. lig. 6. *lisez* , du Langue d'Oc. *col.* 2. *lig.* 2. la Coste.

Page 179. lig. 18. payer à , *lisez* aux Seigneurs.

Fautes à corriger dans les *Anciennes Ordonnances*.

Page 5. lig. 24. faciendum , *lisez* , faciendam.

Page 14. *lig.* 8. solutionum, *lisez* solutionem.

Page 14. *lig.* 20. intentionis , *ajoûtez* nostræ.

Page 15. *lig.* 3. Ecclesiasticis , *lisez* Ecclesiis.

Page 18. *lig.* 13. res , *lisez* si res.

Page 23. *lig.* 16. in præsentibus temporibus , *effacez* temporibus.

Page 25. *lig.* 17. echever, *lisez* empêcher.

Page 67. *lig.* 2. dominio, *lisez* Domino.

De

DE
L'ORIGINE
DU DROIT
D'AMORTISSEMENT.

S I le Droit d'Amortiſſe-
ment étoit fondé ſur
les raiſons qu'en ont
raporté nos Auteurs,
il ne ſeroit pas auſſi juſte qu'il
l'eſt en effet, & qu'il le paroî-
tra, lorſqu'on aura découvert ſa
véritable origine & les motifs de
ſon établiſſement.

Bacquet (a) réduit ces raiſons
à quatre.

La premiére, que dans la

____
a Traité des nouveaux Acquêts, chap. 25.

A

primitive Eglife [b] les Perfonnes Eccléfiaftiques n'avoient aucuns biens, aux termes de l'E-
vangile. [c] *Nolite poffidere aurum
neque argentum, neque pecuniam in
zonis veftris;* & à l'éxemple des
Lévites qui ne pouvoient pas
poffeder des terres par l'ancienne Loi. [d] *Dixitque Dominus ad
Aaron, in terra eorum nihil poffidebitis
nec habebitis partem inter eos. Ego pars
& hereditas tua, in medio filiorum
Ifrael.*

La feconde, que les Eccléfiaftiques font incapables de pofféder des Fiefs, [e] parce qu'ils

---

b Chopin *de Doma-
nia, tit.* 13. *n.* 1. Monfieur le Maiftre dans
fon Traité des Amor-
tiffemens, chapitre 1.
Benedict. ad cap. Ray-
nutius, fur les mots,
*& uxorem nomine Ade-
laziam, Decif.* 1. Lelet
fur la Coût. de Poitou
Art. 52. tome 1. pa-
ge 151 de la derniere
édition.

c Math. capite 10.
n. 9.

d Numer. capite 18.
n. 20.

*e §. Si quis. Verf. Cle-
ricus. Si de feudo de-
functi controverfia, &c.
de Feudis Lib.* 2. *cap.*
29.

ne peuvent point rendre les ser-vices [f] que les Vassaux doi-vent aux Seigneurs.

La troisiéme, que les gens d'Eglise & les Communautez ne peuvent point posseder des héritages féodaux & roturiers, sans faire préjudice au Roi, & aux Seigneurs Hauts-Justiciers, Féodaux & Censiers ; parce que n'étant pas permis aux gens de Mainmorte de vendre, d'échan-ger, de donner, ou autrement alié-ner les héritages qui leur apar-tiennent, & d'ailleurs ne mou-rans point, les Seigneurs Hauts-Justiciers sont privez de leurs Droits de deshérence, de con-fiscation, de quints, de requints, de reliefs, de rachats, de lods & ventes, d'amendes & de sai-sines, & ne peuvent plus réunir à leurs Tables les Fiefs qui re-

f *Vide Zabarell. ad* | *rum ext. de Constitu-*
cap. Quæ in Ecclesia- | *tion. n. 22.*

A ij

lévent d'eux, comme ils feroient fi ces Fiefs étoient poffédez par des Particuliers, qui peuvent tous les jours vendre, échanger, donner, ou autrement aliéner leurs biens, & décéder fans enfans & fans héritiers. Et quant aux héritages allodiaux, les Seigneurs Hauts-Jufticiers ont encore intérêt qu'ils ne tombent point en mainmorte, parce que ces héritages pouroient être confifquez, ou leur retourner par droit de deshérence, s'ils apartenoient à des Particuliers.

La quatriéme, que fi l'on permettoit aux gens d'Eglife, & aux Communautez Laïques & Séculiéres, d'acquérir des héritages allodiaux, féodaux ou roturiers, ils [g] pofféderoient la plus grande partie des fonds qui font dans le Royaume ; d'où il

g *Vide Molin. in Confuetud. Parifienf.* §. 51. *n.* 90.

arriveroit que les services qui
sont dûs au Roi par ses Vassaux,
& par ses Arriére-Vassaux, seroient diminuez, & que par suc-
cession de temps les roturiers qui
sont sujets à la Taille, en seroient tellement chargez, qu'ils
se trouveroient hors d'état de
la payer.

Enfin, d'autres ajoûtent une
cinquiéme raison, & veulent
que le Droit d'Amortissement
soit fondé sur la disposition de
la Loi 9. *in principio ff. de rerum
divisione.* [h] *Sciendum est,* dit cette
Loi, *locum publicum tunc fieri posse,
cum* [i] *Princeps eum dedicavit, vel de-
dicandi dedit potestatem.*

Mais quoique ces raisons ayent
été aprouvées jusqu'à présent,

h *Vide Dyon. Goth.
ad L. 9. in princip. ff.
de rer. divis.* Monsieur
Salvaing, dans son
Traité de l'Usage des
Fiefs, chap. 59. au

commencement, Part.
2. page 314.
  i *Vide Leg. ultim. ff.
ut in possessionem lega-
torum.*

A iij

elles n'en ſont pas meilleures.
Et pour les réfuter par ordre,
l'Amortiſſement , ſi nous en
croyons Bacquet, [k] & nos autres Auteurs , [l] étant une permiſſion accordée à l'Egliſe, d'acquérir des fonds , il eſt évident
que l'exemple des Lévites & des
Apôtres ne peut avoir aucune
aplication à ce Droit, à moins
qu'on ne veüille dire avec Bacquet, [m] que l'Egliſe par les anciennes Loix du Royaume étoit
incapable de poſſéder des héritages , & que la capacité lui en
eſt donnée au moyen du Droit
d'Amortiſſement. Mais il fau-
droit nous citer, ou nous ra-

k Du Droit d'Amor-
tiſſement , ch. 39. 40
l V. l'ancienne Coû-
tume de Normandie,
chap 115. & la Gloſe
en cet endroit. L'Au-
teur du grand Coû-
tumier de France, Liv.
2. chap. 23.

m Du Droit d'A-
mortiſſement , chap.
40. *in princip.* Voyez
Monſieur Dolive dans
ſes Queſtions notables,
Livre 2. chapitre 34.
page 307. de la dernie-
re édition.

porter ces anciennes Ordonnances, & c'eſt ce qu'on n'a point fait
encore, & ce qu'on ne fera pas,
parce qu'elles ſont imaginaires.

D'ailleurs il eſt certain que les
Levites [n] pouvoient poſſeder
des maiſons , & même de certains heritages ; & quant aux
Apôtres [o] , on ne lit point
dans l'Evangile qu'ils ayent été
incapables de poſſeder des biens ;
car loſque J. C. leur dit de ne ſe
point charger d'or ni d'argent ;
c'étoit plutôt pour leur marquer
qu'il auroit ſoin d'eux , & afin
qu'ils s'abandonnaſſent à ſa Pro-
vidence, que pour faire une loy
qui les obligeât à la pauvreté.

Il eſt vray neanmoins que re-
gulierement [p] ſous les premiers Empereurs les Egliſes ne
pouvoient point recevoir ce qui

n Durant. q. 23 n. 6. | not. 23. n. 1. & Jac
o Durant. q. 23. n. 9. | Goth ad Leg. 4. cod.
p Vid. Durant. quæſt. | Theodos. de Eſi copis.

A iiij

leur étoit laiſſé par teſtament ;
mais c'eſt parce qu'on les regardoit alors comme des corps illici-
tes, [q] qui en étoient incapables.

Ainſi aprés que Conſtantin,
par la loy qu'il fit l'an 321. [r]
eut permis de teſter en faveur
des Egliſes, rien ne les empêcha
d'avoir des biens temporels ;

Et comme cette loy fut receuë
en France, parce qu'elle eſt dans
le Code Theodoſien, qu'on y ſui-
voit [ſ] en beaucoup de choſes,
& particuliérement dans les affaires Eccleſiaſtiques, il s'y fit
tant de Dons aux Egliſes entre
vifs, & par teſtamens, qu'au rapport de Gregoire de Tours, [t]
Chilperic, pour retrancher une
partie de ces liberalitez, défendit les inſtitutions d'heritier, qui

q L. 8. Cod. de he-
red. inſt. &c.
r L. 4. Cod. Theod.
de Epiſcop.
ſ Tom. 1. Anal. Ma-
bil. p. 400. Jan à Coſta
in Decret. p. 116. 364.
t Greg Turon. lib. 6.
cap. 46. lib. 7. cap. 7.

se faisoient à leur profit : mais outre qu'elles pouvoiét toûjours continuer d'acquérir à tout autre titre & recevoir des legs ; le même Auteur remarque que cette défense fut révoquée par Gontran, peu de temps aprés la mort de Chilpéric son Frere : Et d'ailleurs on trouve dans le cinquiéme Concile de Paris, [*u*] tenu sous Clotaire II. Fils de Chilpéric, l'an 6 1 5. de J. C. une disposition autant favorable aux Eglises que celle de Chilpéric leur avoit été contraire, puisque le dixiéme Canon de ce Concile déclare bonnes & valables toutes les libéralitez qui leur seroient faites, quoique les solemnitez requises par les Loix pour la validité des Testamens, n'y eussent pas été observées.

Ainsi la défense de Chilpéric n'ayant eu lieu que pendant

u *Tom. Concilior. Gallia*, page 473.

fon Régne, non - feulement les peuples continuérent de faire des dons aux Eglifes comme auparavant ; mais les au-mônes augmentérent tellement dans la fuite, que bien des gens, aprés s'être dépoüillez de tous leurs biens en faveur de l'Eglife, fe donnérent en-core eux-mêmes, ou plutôt fe donnérent [x] eux-mêmes avec leurs biens, perfuadez, comme il fe lit dans plufieurs anciens Actes, que par la fervitude de leurs corps ils acquéroient la liberté de leurs ames : Et les legs pieux, qui dans les premiers temps n'étoient qu'une aumône, étant devenus une dette, on alla jufqu'à refufer en France la [y] fépulture à ceux qui étoient

x Vide Polypt. Sancti Mauri. tom. 2. Capitular. colum. 1391. Beaumanoir, pag. 254.   257.

y Innocent. Ciron. ad tit. ext. de Teftam. page 228.

décedez sans vouloir laisser une partie de leurs biens à l'Eglise.

Il résulte donc invinciblement de ce qui vient d'être observé, que par les anciennes Loix du Royaume, les Eglises n'étoient point incapables d'acquérir & de posséder des immeubles ; d'où il s'ensuit encore une fois, que la Discipline de la primitive Eglise, à l'egard des biens temporels, ne peut avoir aucune aplication au Droit d'A-mortissement, comme l'ont crû Bacquet [z] & Chopin, [a] sans faire attention, que les biens acquis par les gens d'Eglise, ne sont pas plus sujets à ce Droit, que les biens acquis par les Com-munautez Séculières. [b]

Si la raison qu'on vient de ré-

z Bacquet des nouveaux Acquêts, chap. 25.

a Chopin de Do- man. tit. 13. in principio.

b Bacquet des nouveaux Acquêts, ch. 32.

futer, n'eſt pas recevable, celle qui la ſuit ne l'eſt pas davantage ; Car quoique les Clercs ſoient incapables de poſſéder des Fiefs, ſelon le Paragraphe, *ſi quis. verſ. ſi clericus.* [c] *Quia Domino feudi ſervitium exhibere non poſſunt.* Cependant les Feudiſtes ſont d'avis, contre la diſpoſition de ce Paragraphe, qu'un Clerc peut poſſéder un Fief, pourvû qu'il le faſſe deſſervir par un Vicaire, pour uſer du terme de la Coûtume d'Orleans, [d] *Quid autem in Clerico,* dit Zazius, [e] *An Feudum accipere poſſit, Doctores mirificè variant. Præpoſitus in cap. I. fol. 4. qui Feudum dare poſſunt, eam Quæſtionem tractat ad partes arguendo, tandem concludit accipere poſſe, dum per ſubſtitutum* [f] *ſerviat. Ego*

c *De Feudis Lib.* 2. *cap.* 26.

d Articles 99. 100. 103.

e *Zazius de Feudis, Part.* 5. *n.* 71.

f *Vide Odofredum ad Legem quiſquis, num.*

in hoc nihil firmo, hoc tamen scio, quod textus in cap. I. ad finem. de feudo fœminœ. & in cap. qui Clericus. si de feudo controversia fuerit inter Dominum &c. expressè volunt, quòd qui Clericus efficitur, hoc ipso feudum amittat, quod & rationem habet, nemo enim militans Deo secularibus negotiis se se implicet. 21. Q. 3. Can. Placuit. Attamen, quià communi opinione obtentum est, quod Clericus feudum capere possit, quod & jus Canonicum admittere videtur, in cap. ex transmissâ. de foro competenti. calamum reprimo &c.

Et sans avoir recours aux Feudistes, il est certain que parmi nous, non-seulement les Clercs en particulier, mais que les Eglises mêmes ont toûjours possédé des Fiefs qu'elles faisoient desservir par leurs Vidames, [g]

2. Cod. de Episcopis & Clericis, fol. 24. verso. Zabarell. ad cap. qui in Ecclesiarum. n. 22.

ext. de Constitutionibus, &c.

g V. Monsieur Pithou dans ses Memoi-

ou par leurs Avoüez ; ce qui leur fut accordé avec raison ; car l'Usage & l'équité ayant introduit que les Fiefs des mineurs pourroient être desservis par leurs Gardiens, [*h*] pour empêcher les Seigneurs féodaux de saisir ces Fiefs par faute d'hommes : Il y auroit eu ce semble de la dureté de ne pas permettre aux Eglises, qui ont toûjours été regardées comme des mineurs, de faire aussi desservir leurs Fiefs par leurs Gardiens, ou par leurs Avoüez.

D'ailleurs, quand il seroit véritable qu'en France elles auroient été incapables de posséder

res des Comtes de Champagne, Livre 1. Loysel dans ses Memoires des Comtes de Beauvais, chap. 5. n. 2. Beaumanoir chap. 45. à la fin. Monsieur du Cange dans son Glossaire sur le mot, *Advocatus*. Brodeau sur la Coûtume de Paris, Article 3. page 60. *in fin*. Et Abbon dans sa Collection de Canons, chap. 7.

h Beaumanoir chap. 15. page 88. ligne 13.

des Fiefs, même avec le secours
de leurs Vidames, ou de leurs
Avoüez ; il ne s'enfuivroit pas
que cette incapacité eût donné
lieu au Droit d'Amortissement,
puisqu'elles doivent autant ce
Droit au Roi pour les héritages en roture qu'elles acquiérent, que pour les héritages nobles.

Comme les Communautez Ec-
cléfiaftiques & Séculieres n'a-
liénent & ne meurent point, la
troisiéme des raisons qu'on a en-
trepris de réfuter eft incontefta-
blement la meilleure; neanmoins
fi on l'éxamine avec attention,
on trouvera qu'elle peut fervir
à juftifier l'indemnité düë aux
Seigneurs par les gens de Main-
morte, à caufe des Droits de
lods & ventes, de quints, de requints, & de reliefs, dont les
Seigneurs font privez par ces
fortes d'acquifitions; mais on

ne trouvera pas qu'elle ſoit ſuf-
fiſante pour établir le Droit
d'Amortiſſement.

Et ſi l'on ajoûte que ces acquiſitions préjudicient au Roi, parce que dans le cas d'ouverture
des Fiefs, qui relévent immédiatement de lui, il ne peut percevoir aucun profit des Arriére-
Fiefs tombez en Mainmorte ; on
répond qu'elles peuvent bien à
la vérité préjudicier au Roi,
quand les gens d'Egliſe acquiérent des Arriére-Fiefs tenus
immédiatement de ſes Vaſſaux:
Mais quant aux Arriere-Fiefs
plus éloignez, il faut demeurer
d'accord qu'il doit être indiffé-
rent au Roi qu'ils tombent en
Mainmorte, ou qu'ils n'y tombent
pas, & que par conſéquent le
Roi ne peut pas juſtement ſous
ce prétexte en prétendre le Droit
d'Amortiſſement.

Quant à la quatriéme raiſon,
qui

qui se réduit à dire, que les Communautez Ecclésiastiques posséderoient la plus grande partie des Fiefs & des héritages en roture qui sont dans le Royaume, si on leur permettoit d'acquérir; elle renferme une absurdité manifeste. Car si les Communautez Ecclesiastiques & Séculiéres, sont incapables selon tous nos Auteurs, de posséder des fonds, à cause du préjudice qu'elles font aux Seigneurs, parce qu'elles n'aliénent point, & qu'elles ne meurent jamais: Il est évident que les Droits d'Indemnité & d'Amortissement, bien loin d'être des obstacles à leurs acquisitions, sont au contraire des tempéramens & des moyens qui ont été trouvez pour les faciliter. De sorte qu'il seroit peut-être à souhaiter pour le bien public, que ce tempérament fût aboli,

afin que les Communautez Eccléfiaftiques, qui ont tant de
paffion de s'agrandir, ceffaffent
d'acquérir, & afin qu'elles fif-
fent à l'avenir plus d'aumônes,
n'ayant plus occafion de théfau-
rifer.

Enfin le Droit d'Amortiffement n'eft point fondé fur le
Droit Romain, comme l'a fort
bien remarqué Pekius; [*i*] car
la Loy 9. au *ff. de Rerum divifione*,
dont les termes ont été rapor-
tez cy-deffus, eft dans l'efpéce
d'un lieu public, qui ne pouvoit
point être confacré fans le confentement du Prince, & d'ailleurs les Empereurs Payens, felon nos Auteurs [*k*] étoient

i Chapitre 5. *de Amortizatione bonorum,* page 262. de l'édition de 1665.
k Vide §. Sacras. inst. de rerum divif. & ibi Merillius, Vinnius & *Picchardus, Catalog. Leg. Antiq. pag. 160. 161. Ant. Auguſtin.de Legibus pag. 118. Edit. ann. 1592. & Bracton. Lib. 2. cap. 5. fol. 14.*

auſſi Pontifes ; au lieu que parmi nous, les fonds qui ſont acquis par les Communautez Eccléſiaſtiques & Séculiéres, ne
ſont point des choſes ſacrées, &
nos Rois ne ſont point des Pontifes.

Il n'en faut pas davantage pour
détruire ces raiſons, qui paroî-
tront encore plus foibles, quand
on aura fait connoître la veriſa-
ble origine du Droit d'Amortiſſement.

On croit pouvoir ſupoſer d'a-
bord, que ce Droit n'a point
été en uſage ſous la premiére
& ſous la ſeconde race de nos
Rois, & que l'Egliſe avoit alors
une entiere liberté d'acquérir
des immeubles. On a remarqué
que la défenſe que Chilpéric
avoit faite au ſujet des Inſtitutions d'héritier au profit des
Egliſes, ne fut pas long-temps
obſervée, & ſi les Rois de ces

deux races confirmérent fouvent les acquifitions que l'Eglife avoit faites, ce n'étoit pas pour la rendre capable de pofféder, comme l'ont crû Monfieur Bignon [*l*] & Auteferre, [*m*] mais pour rendre ces acquifitions plus ftables, [*n*] & pour empêcher que l'Eglife n'en fût dépoüillée dans la fuite par chicane ou par violence; ce qui arrivoit[*o*] affez fouvent dans ces fiécles barbares & peu policez. Les deux autoritez qui fuivent juftifient clairement cette vérité. [*p*]

Præceptum Childerici, vel Chilperici Regis Gauziolenus nobis fuggeffit,

l Dans fes Notes fur Marculfe, Livre 1. ch. 3. colomne 877.

m *De Ducibus & Comitibus. Lib.* 1. *c.* 18. *p.* 99. Voyez Albert dans fes Arrêts lettre A. Article 11. & Monfieur le Preftre Centurie 1. ch. 86.

n *Vide Lib.* 1. *Capitul. cap.* 85. & Sirmond. *ad Epiftol. fancti aviti*, *n.* 92.

o *Vide tom.* 3. *Analect. Mabillon. pag.* 268. 269.

p *Vide tom.* 3. *Analect. Mabillon. pag.* 230.

eo quod de Monasteriolo suæ sedis Ec-clesiæ, quod vocatur Anisolæ, Dago-bertus quondam Rex, & Antecessores sui Reges scilicet Francorum, ejus Præ-decessoribus.......præcepta fecissent, & emunitatis sedis Ecclesiæ suæ propriis manibus Deo confirmassent, qualiter à suo titulo, & à sua Ecclesia, & ci-vitate nunquam alienatum, aut subſtractum, *vel in futuro fie-ret.* [q]

Præceptum Caroli piissimi, Au-gustissimi, insuper humiliter flagitan-tes [r] *postulaverunt, ut villarum no-mina, in quibus nonæ, & decimæ, ad supradictam Ecclesiam persolvi de-bent, in nostræ authoritatis præcepto nominatim adscribi præcepissemus, ne aliquis malo ingenio, aut qualibet cal-liditate, aut potentia alicujus divitis, vel potentis, hæ villæ, vel hæ res* à jure ejuſdem Ecclesiæ alienatæ *futuris fierent temporibus, aut nonæ, vel de-*

q *Vide tom.* 3. *Ana-lect. Mabillon.* p. 263.   r *Vide Can.* 23. *Con-cil. Meldens. an.* 845.

cimæ, sive census, vel restaurationes jam dictæ Ecclesiæ fieri possent.

Voici encore une autre preuve du zéle de nos Rois, pour la conservation des biens des Eglises, qui mérite d'être jointe aux deux autoritez qu'on vient de rapporter. [ʃ] *Ubi commutationes tam tempore nostro, quamque genitoris nostri, legitimæ & rationabiles Ecclesiis factæ sunt, permanent; ubicumque vero inutiles, & incommodæ atque irrationabiles factæ sunt, dissolvantur. Ubi vero mortua manus interjacet, aut alia quælibet causa, quæ rationabilis esse videatur, inventa fuerit, diligenter describatur, & ad nostram notitiam perferatur.*

De tant de Capitulaires que nos Rois ont fait sur ce sujet, on raporte particulierément celui-ci, parce qu'un de nos

___

ʃ *Vide Addition. 4. cap.* 108. *tom.* 1. *capitul. column.* 1216. & | Sirmond. *not. ad Epistol.* 39. *sancti Aviti n.* 92.

Auteurs [t] l'a employé pour
prouver qu'il n'apartient qu'au
Roi seul d'amortir; au lieu que
ce Capitulaire doit être entendu du Précaire, par lequel l'E-
glise, à qui on avoit donné un
fond en propriété, accordoit ce
même fond avec d'autres terres
en usufruit au Donateur pendant sa vie seulement; de sorte
qu'aprés le decés du Donateur,
les choses qu'il avoit possédées
à titre de précaire, devoient retourner à l'Eglise par Droit de
mortemain, [t] comme les Fiefs
retournent aux Seigneurs par
la mortemain, ou par le decés
des Vassaux; d'où les reliefs
sont apelez Plaits & rachats
de mortemain dans la Coûtume de Poitou, [x] & dans une

t De la Fons sur *dis jus pat. &c. in prin-*
l'Article 209. de la *cipio, n. 3.*
Coût. de Vermandois.   x   Articles 173.
   u *Vide Joan. Fabri* | 174.
ad tit. inst. quibus mo-

Charte [*y*] d'Aimeric Vicomte
de Thoars de l'an 1254.

Cette interpretation se peut
confirmer par une autorité d'Abbon, où le précaire dont il s'a-
git est apellé échange. [*z*] *At
vero precariæ quæ ex conventione fiunt,
& precibus obtinentur, aliæ sub quot-
libet personis censualiter retinentur
usufructuario, aliæ per commutationis
emphiteosim, id est contractum, quæ
fit eo modo, quo habetur in Libro Con-
ciliorum tertio cap. 23. [a] precariæ à
nemine de rebus Ecclesiasticis fieri præ-
sumantur, nisi quantum de qualitate
conventi [b] datur, ex proprio duplum
accipiatur ex rebus Ecclesiæ, in suo
tantum qui dederit nomine, si res proprias*

y Cette Charte est rapportée par Galland dans son Traité du Franc-aleu, page 70. Voyez Monsieur Salvaing dans son Traité du Plait Seigneurial, pages 1. & 2.	*z* Voyez Abbon dans sa Collection de Canons, chap. 7. tome 2. *Analect. Mabillon.* a *Vide Can.* 22. *Concil. Meldens. an.* 845. b *Convenienti.*

*prias, & Ecclesiasticas usufructuario
tenere voluerit, si autem res proprias
ad præsens dimiserit, ex rebus Ecclesiasticis, triplum fructuario usu, in
suo tantum quis nomine adsumat.*

La liberté d'acquérir, que
l'Eglise avoit sous la premiere
& sous la seconde race de nos
Rois, lui fut encore conservée au
commencement de la troisiéme.
La Charte du Roi Robert raportée par le Continuateur de
Monsieur le Président le Maître,
[c] en est une preuve ; car quoique cet Auteur la confonde avec
les Lettres d'Amortissement,
que le Roi donne aujourd'hui
aux gens de Mainmorte, il est
certain néanmoins, qu'elle est
une de celles que l'Eglise obte-
noit de nos Rois de la premiére
& de la seconde race, pour em-

c Voyez le Traité   chapitre 11 page 254.
des Amortissemens de   de la derniere édition.
Monsieur le Maître,

C

pêcher que ſes biens ne lui fuſſent ravis [*d*] par chicane ou par
violence. Auſſi ne trouve-t-on
point dans cette Charte la clau-
ſe , *ſine coactione vendendi , vel
extrà manum ſuam ponendi* , qui eſt
ſi fréquente dans toutes les anciennes Lettres d'Amortiſſement : Et d'ailleurs les termes
de la même Charte font aſſez
connoître qu'elle n'a été faite
que pour mettre une Egliſe en
particulier ſous la protection
du Roi. *Si quis autem , quòd nefa-*

d *Vide Chiflet. prob,
diatrib. cap. 21. pag.
462. cap. 79. pag. 518.*
Les preuves des Anti-
quitez Hiſtoriques de
Saint-Aignan , pages
79. 80. Le Recueil de
Pieces de Monſieur
Perard , page 179. à
la fin , & page 180 au
commencement, & pa-
ge 89 Ajoûtez à ces
autoritez , qu'en ce
temps les Egliſes ob-
tenoient des Papes de
ſemblables privileges ;
ou de ſemblables con-
firmations , dont on
peut voir des éxemples
dans les Epiſtres d'In-
nocent III. Voyez en-
tr'autres l'Epiſtre 173.
du Livre 1. *Vide Co-
dicem donationum pia-
rum Auberti Miræi ,
capite 47. pag. 155. &
p. 156. in principio, cap.
61. pag. 202. &c.*

rium est dici, plenus dæmonicâ potesta-
te, contrà hujus præcepti autorita-
tem ausus fuerit insurgere, severis
pressus judiciis, terdenas auri Libras
regali censurâ cogatur exsolvere ; ut
autem hujus autoritatis præceptum,
per futura tempora, inviolabilem ob-
tineat firmitatis vigorem, manu pro-
priâ subter firmavimus.

L'Eglise ne pouvoit perdre cette liberté d'acquérir, dont elle étoit en possession depuis tant de siécles, que par un changement general dans la qualité des biens ; parce que nos Rois, qui étoient en droit de s'oposer aux acquisitions qu'elle faisoit, les ont au contraire toûjours favorisées, à la reserve de Chilpéric dont on a parlé cy-dessus. Et comme vers le commencement de la troisiéme race de nos Rois, les Fiefs qui n'étoient auparavant qu'à vie, devinrent héréditaires,

[e] & que la plufpart des Aleus furent convertis [f] en Fiefs: Si l'Eglife depuis quelques fiécles n'a plus acquis avec tant de liberté., il n'en faut point chercher d'autre caufe que ce changement.

Les Fiefs furent d'abord héréditaires par le bienfait des Seigneurs, qui en accordérent gratuitement l'inveftiture aux héritiers de leurs Vaffaux; & parce qu'on ne pouvoit pas honnêtement refufer ce bienfait, il devint infenfiblement d'une telle obligation, que le Comte Odon dans une Epître [g] au Roi Robert, marque qu'il tient moins fon Fief de la liberalité

e Voyez Reginon dans fa Chronique fous l'an 940. Brodeau fur le Titre des Fiefs de la Coûtume de Paris, n. 11. tome 1. page 26.

f Voyez *Dominicy de Prærogativa allodiorum, capite* 19.

g Cette Epiftre eft la 90. entre celles de Fulbert Evêque de Chartres.

Royale, que de son droit de suc-
ceder : *Si respiciatur ad conditionem
generis daret Dei gratia, quòd here-
ditabilis sim ; si ad qualitatem bene-
ficij quòd mihi dedisti, constat quia
non est de tuo fisco, sed de his quæ
mihi per tuam gratiam* [h] *heredita-
rio jure contingunt.* De sorte qu'a-
lors, si un Vassal donnoit ou
vendoit de ses terres à l'Eglise,
les Seigneurs consentoient assez
volontiers à ces aliénations,
parce que les Fiefs qui relevoient d'eux ne devoient être
unis à leurs Tables, que par
deshérence ou par confiscation,
ce qui arrive rarement. Et par
conséquent l'hérédité des Fiefs
dans ces commencemens, ne
fit pas beaucoup de préjudice à
l'Eglise.

Mais les Seigneurs n'ayant
plus voulu accorder pour rien
aux héritiers de leurs Vassaux,

h *Vide Yvon. Carnotens. Epistol.* 71.

des graces qu'ils pouvoient légitimement refuſer, ils intro-
duiſirent les Droits de relief &
de rachat, & avec ces Droits
les lods & les ventes, [*i*] les
quints & les requints; parce
qu'ils ne voulurent plus permettre à leurs hommes & à leurs
Vaſſaux, de vendre les terres
qu'ils tenoient d'eux, ni en in-
veſtir & enſaiſiner les acqué-
reurs, que moyennant une cer-
taine finance. Et comme ils ſe
trouvoient privez de tous ces
Droits, quand les fonds qui
relevoient d'eux, étoient acquis & poſſédez par des gens
d'Egliſe & par des Communautez, ils ne leur [*k*] accordérent plus l'inveſtiture & la ſaiſine de ces fonds, qu'aprés

i *Vide tom. 2. Bi-*
blioth. MS. Labbei,
pag. 744. lin. 31. 32.
& capite 28. Leg. Fri-
der. III. Sicil. Regis,
pag. 159.
k *Vide Innocent.*
III. Lib. 1. Epiſt. 173.
in fin.

avoir été dédommagez , & la finance que les Seigneurs reçûrent à cette occasion fut apelée indemnité.

Nos Auteurs, & entr'autres Loyfel, [l] Chopin, [m] Bacquet, [n] Ragueau, [o] Auteferre, [p] & Monfieur Salvaing, [q] remarquent que ce procédé des Seigneurs , comme contraire aux Immunitez de l'Eglife, fut condamné par les Papes. Premiérement, par Aléxandre III. au Concile de Latran de l'an 1179. & enfuite par Aléxandre IV. qui tâcha , difent-ils , d'abolir cet Ufage par cette Décrétale de l'an 1260.

l Dans fes Obfervations mêlées , au chapitre du Droit d'Amortiffement.

m De Doman. Lib. 1. tit. 13. n. 6.

n Des nouveaux Acquêts , chapitre 25.

o Dans fon Indice, fur les mots, *heritages amortis.*

p *De Ducibus & Comitibus, Lib.* 1. *cap.* 18. *in fin.*

q Dans fon Traité de l'Ufage des Fiefs, Par-

QUIA [r] nonnulli habentes temporale Dominium, vel potestatis habentes Officium Sæcularis, libertatem & immunitatem Ecclesiasticam lædere ac minuere tanquam honoris & privilegij Ecclesiarum invidi moliuntur. Expedit quòd per diligentiam, & authoritatem sedis Apostolicæ, quæ curam habet omnium Ecclesiarum & tutelam contra talium ausus & conamina, oportunum remedium apponatur, ut Ecclesiæ ipsæ in plenitudine juris sui, & libertatis integritate lætentur, ac detestabilis malignorum

tie 2. chapitre 59 page 315. au commencement.

r Cap. 1. de Immunitate Ecclesiar. in sexto.

COMME il y a des Seigneurs temporels, & des Officiers des Justices Séculières, qui par une espéce d'envie contre l'honneur & les priviléges de l'Eglise, tâchent de blesser & de diminuer les libertez & les immunitez Ecclésiastiques. Il est à propos que le Saint Siége, qui prend le soin & la protection de toutes les Eglises, employe sa diligence & son autorité contre ces attentats, afin qu'elles joüissent pleinement de leurs droits & de toutes leurs libertez, & qu'elles soient à couvert de ces détestables entreprises, & de ces nouveautez criminelles. Nous sommes informez que dans le Royaume de France, les Communes, les Echevins, ou les Consuls, les autres Seigneurs temporels, &

audacia, & insolentium nefaria temeritas propulsetur. Sanè intelleximus, quòd in Regno Franciæ, Communiæ, Scabini, seu Consules, & alii Domini temporales, & ii qui Jurisdictionem in ipsis Communis, Civitatibus, Castris, & Villis temporalem exercent, vel quibus in illis commissa est executio Justitiæ Sæcularis molesti sunt nimium Ecclesiis super pluribus, et infesti, et inter cætera nituntur et student, ut illis collectas, & Tallias, et alia ejusmodi, eædem Ecclesiæ, prætextu bonorum quæ acquisiverunt, tribuant et persolvant, vel extra manum suam ponant hujusmodi acquisita. Volentes itaque super

ceux qui éxercent la Jurifdiction dans ces Communes,
dans les Villes, dans les Châteaux, & dans les Bourgs,
font tous les jours de nouvelles véxations aux Eglifes,
& entreprennent entr'autres
chofes de les charger d'impôts, de leur faire payer des
Tailles, & autres taxes femblables, fous prétexte des biens
qu'elles ont acquis, ou de les
contraindre à mettre ces biens
hors de leurs mains. C'eſt pourquoi voulans donner nos foins
à toutes ces chofes, & prévenir ces attentats par des moyens
convenables : Aprés avoir pris
l'avis de nos Fréres ; [/] Nous

ſ C'eſt-à-dire aprés avoir pris l'avis des Cardinaux : Voyez Hoſtienſ. ad cap. 17. ad liberandam, num. 3. ext. de Judæis. Zabarel. ad capit. Pizanis, num. 6. ext. de reſtit. ſpoliator.

his omnibus, pro ut expedit sol-
licité providere, totque temera-
riis ausibus congruis præsidiis ob-
viare, authoritate Apostolicâ,
præhabitâ cum Fratribus [1] nostris
diligenti deliberatione, decernimus non licere præfatis Communiis, Scabinis, & iis, qui in eis Jurisdictionem temporalem obtinēt,
vel justitiam temporalem exercent, Tallias vel collectas, seu
exactiones quascumque Ecclesiis
vel personis Ecclesiasticis imponere, vel exigere ab eisdem pro domibus, prædiis, vel quibuscumque possessionibus ab eisdem Ecclesiis, vel personis Ecclesiasti-
ciis legitimè hactenus acquisitis
vel in posterum acquirendis :
Etiamsi ipsæ Ecclesiæ, vel per-

déclarons par l'autorité Apofto-
lique, qu'il n'eft point permis
aux Communes, aux Echevins,
& à ceux qui éxercent dans
ces Communes la Jurifdiction
temporelle, de mettre fur les
Eglifes, ou fur les perfonnes
Eccléfiaftiques, des Tailles,
des impôts, ou d'autres charges, ni de rien éxiger pour les
maifons, pour les terres, &
pour tous les autres héritages,
que les Eglifes ou les perfonnes
Eccléfiaftiques, ont légitimement acquis jufqu'à préfent, ou
qu'elles acquéreront dans la
fuite; quand même les Eglifes ou
les perfonnes Eccléfiaftiques, &
ces biens, feroient dans leur
Territoire. Qu'il ne leur foit
point auffi permis de contraindre les Eglifes & les perfonnes
Eccléfiaftiques, à vendre, alié-
ner, ou à mettre hors de leurs

sonæ vel res hujusmodi sint intra illorum districtum, vel territorium constitutæ. Nec etiam liceat illis ipsas Ecclesias, vel personas ad distrahendum, vel alienandum, aut extra manum suam ponendum acquisita jam, vel quæ deinceps acquirent, aliquatenus coarctare.

mains les biens qu'elles ont ac‑ quis, ou qu'elles acquéreront à l'avenir.

Mais quoiqu'il semble que ces Auteurs ayent pris le véritable sens de cette Décrétale, parce qu'elle defend de contraindre les Eglises à mettre hors de leurs mains les fonds qu'elles auroient acquis, & qu'elles ac‑ quéreroient dans la suite : Ce‑ pendant cette interprétation se détruit par plusieurs raisons.

La premiere est, que les re‑ liefs, les quints, & les autres profits feodaux, sont des char‑ ges que les Seigneurs ont pû imposer legitimement sur les fonds qui leur apartenoient ; & comme c'est la regle que les fonds doivent passer avec leurs charges, en quelque main qu'ils aillent, il n'est point à pré‑ sumer que les Papes ayent vou‑

lu donner atteinte [t] à ces Droits, qui tout rigoureux qu'ils sont, ne laissent pas d'être tres-justes, ni qu'ils ayent voulu permettre aux Eglises d'en priver les Seigneurs sans les dédommager.

En second lieu, c'est qu'il semble que les Papes n'avoient pas sujet de se plaindre d'un traitement qui n'étoit pas plus particulier aux Eglises, qu'à toutes les Communautez Laï-ques & Séculiéres, [u] & d'ailleurs d'un traitement dont les Eglises mêmes usoient réciproquement entr'elles, [x] quand l'une

---

t Voyez Jean d'André sur le chapitre 1. *de Immunitate Ecclesiarum, in sexto, num. 4. & 5. fol.* 120. *verso, column.* 2.

u Beaumanoir chapitre 50. page 271. ligne 12.

x Voyez Innocent III. *Lib.* 1. *Ep:stol.* 173. *Joan. Gall. Q.* 321. L'Auteur du grand Coûtumier, Livre 2. chapitre 23. page 163 Et Monsieur de Launay sur le Titre 1. des Inst. Coût; de Loysel, Régle 59. page 391.

l'une avoit acquis dans le Fief de l'autre.

Enfin, c'est que le Pape Aléxandre IV. ne parle point dans sa Décrétale, de l'indemnité qui est dûë aux Seigneurs féodaux par les gens de Mainmorte, mais des Tailles qui étoient imposées sur les Eglises & sur les Ecclésiastiques, par les Communes, ou par leurs Echevins & leurs Maires : *Sanè intelleximus, quòd in Regno Franciæ, Communiæ, Scabini seu Consules, & alii Domini temporales, & ii qui Jurisdictionem in ipsis Communiis, Civitatibus, Castris, & Villis temporalem exercent, &c. molesti sunt nimiùm Ecclesiis, super pluribus, & infesti, &c.* Et ensuite, *Authoritate Apostolicâ decernimus non licere præfatis Communiis, Scabinis, & iis qui in eisdem Jurisdictionem temporalem obtinent, vel justitiam temporalem exer-*

D

cent Tallias vel collectas seu exac-
tiones quascumque, Ecclesiis vel perso-
nis Ecclesiasticis imponere, vel exige-
re ab eisdem, pro domibus, prædiis,
vel quibuscumque possessionibus ab
eisdem Ecclesiis vel personis Eccle-
siasticis, legitimè hactenus acquisitis,
vel in posterum acquirendis. [y]

y Il est bon d'ob-
server ici, que les Ca-
nonistes ont tenu, con-
tre la disposition de
cette Décrétale, que
les Clercs pouvoient
être contraints au
payement de ces Tail-
les, pour les biens ac-
quis aprés les Statuts
ou les Réglemens qui
auroient été faits dans
les Communes. *Sed*
juxta hoc quaro post
Bart. utrum sit dare
medium, quòd clerici
conferant in istis collec-
tis, pro possessionibus
suis, dicit ipse quòd
non pro jam quæsitis,
sed in quarendis in
posterum, id est post
Statutum; refert duos
modos, unum quòd
omnia prædia civium,
quæ sunt in comitatu
sint tributaria, affecta
onere tributorum pro
collectis imponendis, quo
casu si clerici, vel Ec-
clesia quarant possessio-
nes, post dictum statu-
tum tenebuntur; & hoc
colligitur ex not. Inn. in
capite postulasti ex. de
for. comp. & hunc mo-
dum tenuerunt Perusi-
ni. Illi de civitate Gu-
bii tenuerunt alium mo-
dum. Nam omnes ci-
ves, & comitatenses
singulariter, & speci-
ficè donaverunt omnes
possessiones Communi,
& postea receperunt eas
à communi sub annuo

Ceux qui ont connoiſſance des Antiquitez des bas ſiécles, ſçavent qu'autrefois en France, les Habitans des Communes, ou des Villes qui étoient affranchies, étoient taillables, & que les Tailles s'impoſoient ſur ces Habitans à proportion de leurs facultez, aprés que chacun d'eux les avoit déclarées avec ſerment, comme il ſe pratiquoit chez les Romains à l'égard du Cens; mais avec cette difference, quant à la peine, que chez les Romains, celui qui avoit fraudé le Cens,

ſenſu & tribuſo collectarum, & cum pacto, quod poſſent in alios transferre quocumque titulo cum prædicto onere, quod ſemper intelligeretur exceptum : Et dicit quòd fuit neceſſarium ſic facere, quia Eccleſia creſcebant tantum in poſſeſſionibus, quòd aliæ quæ laicis remanebant non ſufficiebant ad onera communis ſubeunda. Anchuran. ad cap 1. de Immunit. Eccleſiarum in ſexto, n. 4. in fin. Voyez l'Hiſtoire de l'Interdit de Veniſe.

étoit vendu publiquement, [z] & devenoit esclave aprés avoir été battu de verges; au lieu que par nôtre ancien Droit, le taillable ne perdoit que ce qu'il n'avoit point déclaré. *Bien se gardent, dit Beaumanoir, [a] chil qui sont taillé selonc che que il ont de muebles, ou de hiretages, quant il leur convient jurer leur vaillant, que il dient vérité; car se il juroient meins, que il n'ont, & ils étoient attains, ils perderoient tout le seur plus, li quel seur plus seroit au Seigneur par qui le Taille seroit faite, fors tant que l'on metroit en le Taille selonc che que il jura, à le Livre, [b] che est à entendre se il devoit*

z *Vide Sigon de Antiq. jur. civ. Lib.* 1. *capite* 14. *Cicero pro Cecina, n.* 99. *Dyon. Lib.* 4.

a Beaumanoir chapitre 50 page 270.

b Voyez *Petrum de Anchar. ad cap.* 1. *de Immunitate Ecclesiarum, in sexto, n.* 4. *pag.* 369. *column.* 2. *in principio. Bart. ad L. placet, n.* 57 *Cod. de Sacrosanctis Ecclef.*

paier de cent livres, dix livres ; & l'on trouvoit cent livres par deſeur ſon ſerement, dix livres courroient en le Taille, & les quatre-vingt & dix livres ſeroient acquis au Seigneur. Mais ſe le Ville feſoit le Taille ſans le Seigneur, le ſeur plus qui eſt trouvé de chaus qui ſe parjurent, eſt acquis à le Ville, & non pas au Seigneur ; & che entendons nous des Villes qui ont pooir de che faire par les poins de leurs privileges.

Or comme ces Tailles étoient impoſees ſur chaque Habitant à proportion de ſes facultez, les Communes, leurs Conſuls, leurs Maires ou leurs Echevins les impoſérent auſſi ſur les Egliſes, & ſur les Eccléſiaſtiques, [c] à proportion des biens qu'ils

---

c Quoique les Eccléſiaſtiques euſſent obtenu cette Décrétale du Pape, le Parlement, ſuivant l'avis des Canoniſtes, ne laiſſa pas de les condamner à contribuer aux Aides des Villes, par un Arrêt de l'an 1278 rendu au Parlement de la Touſſains.

poſſedoient dans la Ville &
dans la Banlieuë ; & les Egliſes n'ayant point voulu ſe ſoû-
mettre à ces impôts, les Echevins, les Conſuls, ou les Maires les obligérent de mettre
hors de leurs mains les biens
qu'elles avoient acquis, parce
que les Egliſes & les Eccléſiaſtiques ne pouvoient faire ces acquiſitions & joüir de ces Immunitez, qu'à la foule des Habitans ſur qui la Taille devenoit plus groſſe ; & ce fut à
cette occaſion que le Pape Aléxandre I V. fit ſa Décrétale,

Judicatum fuit quòd Clerici tenentur ſolvere ratam ipſos contingentem, de debitis villarum, pro quibus hereditates quas tenent ex ſucceſſione parentum ſuorum, de tempore ditorum parentum ſuorum, fuerunt obligata, & hoc ſpecialiter dic- tum fuit contra duos clericos ſancti Richarii. Vide Part. 7. Stil. Parlam. capite 51 du Molin dans ſon Conſeil 11. n. 1. Et Monſieur Dolive Livre 1. chap. 18 page 106. Voyez les Preuves cy-aprés à la fin.

que ces Auteurs n'ont point entenduë. [d]

La preuve de cette interprétation se tire de ce passage de
Philipes de Beaumanoir, [e]
Tuit chil qui sont és Villes de Que-
mune, Manans & Habitans, si ne
sont pas tenus à estre aillieurs tailliez,
ainchois en sont aucunes personnes ex-
ceptées, si com chil qui ne sont pas
de leur Quemune, ou Gentixhoumes;
liquel ne s'entremetent de marchean-
der, ainchois se chevissent de leur hi-
retage, que il tiennent en francfief de
Seigneur, ou Clers qui ne mar-
cheandent pas, ainchois se chevissent
des fransfief que ils ont de leur pa-
tremoigne, ou de Benefices, qu'ils ont
en sainte Eglise, ou chil qui sont ou
serviche le Roy; car li serviche, en

---

d Thomas dans sa
Note sur le Titre 19.
du Livre 10. de la Con-
ference des Ordonnan-
ces , tome 2. page
1414. à la fin, a enco-
re plus mal entendu
cette Décrétale , en
l'apliquant aux Dé-
cimes.

e Beaumanoir chap.
50. page 270.

tant comme ils sont, les franchist, à
que il ne paient ne toute, ne Taille, &
ne pourquant se aucunes des personnes
dessus dites a hiretages vilains dedins la Banlieuë de le Vile, de Quemune, & mouvans de ladite Vile, que
le Justiche en soit à le Vile, tiex hiretages ne sont pas quittes de le Taille de le
Vile, quelque personne qui les tiengne,
se li aucun de aucun de tés hiretages,
ne sont clamez quittes par previlege,
si comme l'en veoit que aucunes Eglises ont bien hiretages vilains és bo-
nes Viles, dont ils paient lés Cens &
lés Rentes à le Quemune, & si ne
puent estre tailliez, parche que il
leur fut ainsint otroie anchiennement,
ou que il ont tenu si lonc tans sans
Taille paier, que par longue teneure
leur est acquise franchise, d'estre dé-
livré de le Taille. Mais se il ne fu
oncque mestier de tailler lés hiretages
d'aucune Vile de Quemune, & il en
estoit mestiers de nouvel, l'en ne se
pourroit pas aidier de longue teneure;
donc

doncques chil qui se vieut dire que lés hiretages ne doivent pas estre tailliez, pour che que il ne le fu oncques, che doit estre entendu, quand li autres hiretages ont esté taillie autrefois, & chil ou tans que li autres furent tailliez par plusieurs fois, demeurera frans. Et ainsi il doit demeurer pour constant, que le chapitre *quia nonnulli.* n'a point été fait contre l'indemnité que les Seigneurs feodaux prétendoient leur être dûë par les gens de Mainmorte, ni contre le Droit d'Amortissement, qui n'est pas moins juste que l'indemnité, comme on le verra dans la suite.

Pour retourner donc à nôtre sujet, si l'Eglise perdit à l'établissement des reliefs, des quints, & des autres Droits féodaux, parce qu'elle fut obligée d'indemniser les Seigneurs immédiats : D'un autre côté,

E

l'on peut dire qu'elle acquit avec moins de peine ; parce que ces Seigneurs, dont il faloit avoir le confentement, furent plus faciles à l'accorder lorfqu'ils fe virent dédommagez par le payement du Droit d'indemnité, que quand on ne leur donnoit rien pour les faire confentir.

Et comme ils étoient les feuls Seigneurs qui s'étoient élevez contre ces acquifitions, il eft évident qu'elles devoient être bonnes , & qu'elles ne pouvoient plus recevoir d'atteinte dés le moment qu'ils y avoient donné leur confentement : En effet, les Chartes de ces temps-là juftifient que l'Eglife s'en contentoit ordinairement , & que le Roi ne donnoit le fien que comme Seigneur féodal immédiat.

Chart. an. 1113. *Providens igitur*

[f] *tam meæ , quàm parentum meo-*
rum , ac defunctorum saluti , trado
Juliacum Castrum quod fuit antecef-
foris mei , Comitis videlicet Milonis ,
Deo , & sanctæ Mariæ ejus matri
Molifmenfi, cum omnibus appendiciis :
ficut ea continet fancti Andreæ Par-
rochia , quæ dudum de fubtus fuerat
conftructa : Laude uxoris meæ , & fi-
liorum meorum , nec folum , quod de
eâ in meâ manebat dominicaturâ ,
fed etiam quicquid de me tenentes dederunt vel daturi funt
ex eo Molifmenfi Ecclefiæ lau-
do, & confirmo.

Chart. Gaucheri de Caftellione [g] an. 1146. *Item quicquid*
poterunt acquirere prædicti monachi
(de Caftellione) *in noftra Caftel-*
laniâ de Caftellione, aut emptione ,
aut donatione, *ex nunc , & in fu-*

f *Vide Chiflet. pro-*
bat. diatrib. cap. 10.
fancti Bernard. gen.
illuftr. affert. pag. 440.

g Preuves de l'Hi-
ftoire de la Maifon de
Chaftillon, page 25.

E ij

turum perpetuis temporibus amor-
tifamus, & amortifatum facimus.

Chart. Guidonis de Sauz, [h]
an. 1197. *Porrò Canonicis præno-*
minatis concessi quòd ipsi habeant apud
Sauz mansa libera, ad homines libe-
rè retinendos, qui sub eorum potestate
eligent remanere.......præterea si quis
hominum meorum pratum aliquod, vel
terram aliquam, de qua non habeam
reditum, eis in eleemosynam dederit,
vel aliquis militum, qui de me feo-
dum teneat, sive in eleemosy-
nam dederit, vel vendiderit,
vel in vadimonio [i] posuerit,
hoc libenter concessi.

Chart. Galcheri de Castil-

---

h *Chislet. probation.*
diatrib. cap. 56. sancti
Bernard. gen. illust.
assert. pag. 494.

   i *Vide Joann. de*
Imola, ad cap. ex. parte.
num. 13. ext. de Feu-
dis. L'Epître d'Eugene

I I I. dans Othon de
Frisingen , *De gestis*
Frederici. Lib. 1. cap.
35. Et les Loix de
Thibaud Comte de
Champagne, Article
4,

lione, [*k*] an. 1204. *Ego Gal-*
cherus de Castellione notum facio om-
nibus.......quòd pro salute animæ meæ,
& patris mei, & matris meæ, &
fratris mei Guidonis & parentum meo-
rum, totam griariam nemorum, &
territorii de Trambleio, & quicquid
in eisdem nemoribus scilicet, & ter-
ritorio, tam in feudo, quàm in domi-
nicatu, ad me pertinebat, assensu, &
voluntate Elisabeth uxoris meæ, Deo,
& Ecclesiæ Beati Dyonisii, in eleemo-
synam concessi, in perpetuum, &
quittavi, nihil juris penitus mihi, vel
successoribus meis, in aliqua consue-
tudine, vel exactione in præfatæ villæ
nemoribus, & territorio, de cætero
*retinendo................*verùm quod
prædicta à Domino Rege te-
nebam, donationem istam per
patentes ipsius Regis Litteras petii, & impetravi confir-
mari.

 k Preuves de l'Histoire de Chastillon,
page 34.

E iij

Chart. Roberti de Curtiniaco, [*l*] an. 1232. *Ego Robertus de Curtiniaco, & Mathildis uxor mea, notum facimus præsentes Litteras inspecturis, quòd nos* laudavimus, & concessimus *Monachis Eschar-liensibus, quicquid ipsi acquisierunt, à nobili muliere Aalez de Conferant laudante viro suo Gualtero milite, sive* emptione, *sive* eleemosyna, *in duabus grangiis de* Montcorbon ad feodum nostrum pertinentibus, perpetuò pacificè possidendum, [*m*] promittimus nos super prædictis garentisiam ubique portaturos, quod ut ratum permaneat in futurum, præsentes Litteras, sigilli mei feci impressione roborari.*

L'Usage de l'Italie étoit en ce point conforme à celui de la France : Car si par le Droit

---

l Preuves de l'Histoire de la Maison de Courtenay, page 32.

m Joignez les établissemens de Saint Loüis, Livre 1. chapitre 123.

des Fiefs, le Vassal ne pouvoit point donner à l'Eglise la moitié de son Fief, *Libellario nomine*, [n] parce que selon Gerardus Niger, [o] les biens possédez par l'Eglise, ne retournent plus aux Seigneurs; il est évident que cette aliénation étoit bonne [p] lorsque le Seigneur y consentoit, & qu'il vouloit bien perdre son Droit sur la chose qui avoit été donnée.

Quand on dit que les acquisitions faites par l'Eglise étoient bonnes, & qu'elles ne pouvoient plus recevoir d'atteinte, aprés que les Seigneurs féodaux immédiats y avoient don-

n *Vide Cujac. ad tit. 2. Lib. 1. Feudor.*
o *De Feudis. Lib. 1. tit. 8.*
p *Vide Innocent. IV. ad cap. in præsentia. 8. extr. de probation. n. 5.*

Bartol. in repet. auth. ingressi. n. 40. Cod. de Sacrosanctis Eccles. Felin. ad cap. qus in Ecclesiarum. ext. de Constit. num. 70. 71. 72.

né leur consentement ; il faut néanmoins observer ici , que cela doit être entendu des acquisitions faites dans les formes, & avec le consentement des héritiers présomptifs des vendeurs ou des donateurs : car cette précaution étoit nécessaire pour prévenir les poursuites des héritiers, qui étoient alors en possession de revendiquer les propres, [q] que les défunts avoient aliénez, & qui s'attaquoient particuliérement aux dons qui avoient été faits aux Eglises , quelquefois injustement, [r] ce qui paroît par

q Voyez les Chartes transcrites cy-dessus. Brodeau sur la Coûtume de Paris , au Titre des Retraits , page 210. tome 2. Bouteillier dans sa Somme, Liv. 1. tit. 67. p. 401. la Coît. de Boulenois Article 125. Ponthieu chapitre 10. Article 76. Saint Paul Article 36. Labourt titre 5. Article 1. *Regiam Majestatem. Lib. 2. cap.* 18.

r *Vide* Chiflet. *probation. diatrib. cap.* 92. 112. 116. *&c.*

quelques anciens Actes ; mais souvent avec raison, parce qu'en ce temps-là l'avarice des gens d'Eglise étoit si excessive, qu'ils ne pensoient qu'à s'enrichir par toutes sortes de voyes, abusans de la crédulité des simples, pour usurper leurs biens , & même leur liberté ; Car comme on l'a déja remarqué, ces pauvres gens se donnoient encore eux-mêmes, & la corde au col : [ʃ] Barbare solemnité qui

ʃ Scimus omnes , & fideliter credimus quòd quisquis, &c. Ego Ingelbaldus diligenter considerans, cum quidem naturalem, secundùm saeculum à progenitoribus habeam libertatem, voluntate propria me in servum trado Divino Deo, & loco in nomine . & honore Sanctae Trinitatis, unius & summi Dei , apud Viniocinum constructo.

Cùm vero....contigit mihi aegretudinem corporis adeò gravem incurrere, ut desperatus spem recuperandae salutis prorsus perdiderim. Vovi igitur.....quod ego molestiâ corporis urgente distractus promiseram , hoc factum sospes & incolumis libenter exolvo: Dono etiam mecum eidem venerabili loco universa possessionis meae .....in cujus facti me-

se pratiquoit en cette occasion ;
Hi sunt, dit Saresbériensis, [t]
parlant des gens d'Eglise, *qui*
prædia avita subtrahentes indigenis vi-
cos & pagos redigunt in solitudinem,
& in suos usus vicina quæque conver-
tunt, Ecclesias diruunt, aut in usus
revocant sæculares.

Les Ecclésiastiques continuant
d'attirer ainsi à eux tous les
biens, au préjudice & à la ruine des Familles & des Etats ; il
falut enfin rémédier à ce mal,
& avec d'autant plus de néces-
sité, que l'Eglise avoit tiré des
Croisades un profit immense,
particuliérement en achetant à
bas prix les terres que la plus-

moriam quatuor dena-
rios de Capitagio meo,
sicut mos sæcularis est
super altare dominicum
prædicti loci gratanter
imponens, funem quo-
que signi collo meo,
devotè circumplicans,
cartulam istam confir-
mavi. Ann. 1080.
Voyez les Preuves des
Libertez de Saint-Ai-
gnan. chapitre 5. pa-
ge 99.

t *Joan. Saresberiens.*
de nugis curial. Lib. 7.
cap. 21.

part des Nobles vendoient pour faire le voyage d'outre - mer.

Auteserre [*u*] sur l'Autorité de Guillaume le Breton, remarque que dés l'an 1209. l'Empereur Othon I V. le jour même de son Couronnement, fit une Ordonnance sur ce sujet, & que venant à la tête d'une puissante Armée, pour attaquer la France, dont il regardoit la conquête comme assurée, il alloit y faire observer cette Loi, si le Ciel n'eût puni l'arrogance & la témérité de ce Prince, qui fut défait, [*x*] & dont l'Armée fut taillée en piéces à la célébre Journée de Bovines. *Guillelmus Brito.* [*y*]

u *De Ducibus & Comitibus. Lib.* 1. *cap.* 18. Salvaing de l'Usage des Fiefs. Part. 2. chap. 59. pag. 315.

x *Abbas Usperg. in Othon.*

y *Philippid. Lib.* 10. *v.* 151.

CLerum autem & Monachos, quos
   sic exaltat, amatque
Protegit, & vigili defendit [Z] corde
   Philippus,
Aut occidamus, aut deportemus opor-
   tet ;
Sic tamen ut pauci maneant, quibus
   arcta facultas
Sit satis, oblatâ tantummodò qui stipe
   vivant.
Villas, & Decimas majores miles ha-
   beto,
Et quibus est curæ ReSpublica, qui
   populos, qui
Pugnando faciunt in pace quiescere
   Clerum.
Illo quippe die, quo me Diademate
   primum
Reddidit insignem patrum pater Im-
   periali
Hanc promulgavi Legem, in scriptis-
   que redactam

z Voyez la Note de Barthius sur cet
endroit.

Juſſi per totum ſervari firmiter orbem.

Eccleſiæ Decimas oblataque munera tantum

Poſſideant, Villas nobis & prædia linquant,

Vivat ut hinc populus, habeatque ſti- pendia miles.

. . . .

Condere qui poſſunt leges, & jura no- vare

Imperium ſolus teneo, qui totius orbis

Nonne licet nobis hàc Clerum Lege ligare

Rebus ut oblatis contenti, primitiiſ- que

Jam diſcant humiles magis eſſe, minuſ- que ſuperbi ?

Quàm ſatius, quàm commodius, me jura novante

Impiger hæc tam culta novalia miles habebit,

Et Villas tot deliciis, opibuſque fluen- tes :

Quàm genus hoc pigrum fruges conſu- mere natum,

Otia quòd ducit tecto, quòd marcet
  & umbrâ,
Qui frustrà vivunt, quorum labor omnis
  in hoc est
Ut Baccho Venerique vacent, quibus
  inflat obesis
Crapula colla-toris, oneratque abdomi-
ne ventres.

Mais il faut remarquer que dans ces Vers, Othon ne parle pas seulement d'interdire aux Clercs & aux Moines les acquisitions des immeubles, mais encore de les faire périr, ou de les exiler pour usurper leurs biens ; ce qui est une pure fiction du Poëte : Car ce Prince qui auroit été sans doute blâmé des Moines & des Clercs s'il les avoit maltraitez, en étoit au contraire estimé, comme nous l'aprenons de l'Abbé d'Usperg [a] Auteur contemporain : *Feuda*

a *Abbas Usperg. in Oth. IV.*

quoque quæ Philippus habuerat (OTHO) ab Ecclesiasticis Principibus, etiam contra voluntatem illorum obtinere voluit, & tam ipsos, quam Ecclesias opprimere cœpit, simulans zelum justitiæ, cùm potius ageret superbè, unde à pauperibus, & Monachis & Clericis tanquam defensor collaudabatur justitiæ, sed Deus aliud respexit in corde.

Et quant à la Loi que ce Poéte lui fait faire le jour de son Couronnement, elle est encore une fiction, qui se détruit par le serment [b] même qu'Othon fit en recevant la Couronne : D'où il s'ensuit que sous son Empire, les Ecclésiastiques ont toûjours continué d'acquérir des biens, quoiqu'on ne nie pas que ce Prince eût peut être bien voulu les en empêcher, & qu'il auroit été de l'interêt de

b *Vide Regest. In-* | *gotio imperii Epistol. 3.*
nocent. III. super ne- | 77. 189.

fon Etat de le faire.

Les chofes fe pafférent autrement en Angleterre : Car
Henri III. le dixiéme de Février de l'année 1225. du confentement de tous les Seigneurs
fpirituels & temporels de fon
Royaume, fit une Ordonnance
apelée *Magna Charta*, par laquelle il ftatua entr'autres chofes, que tout homme libre qui
donneroit ou qui vendroit de
fa terre, feroit oblige de s'en
réferver fuffifamment pour s'acquiter des fervices qui feroient
dûs à fon Seigneur, ce qui di-
minua la liberté que chacun
avoit auparavant de donner de
fes biens à l'Eglife : *Nullus* [c]
liber homo det de cætero amplius ali-
cui, vel vendat de terra fua, quam
ut de refiduo terræ fuæ poffit fufficien-
ter fieri Domino feodi fervitium ei
debitum

_____

c *Magna Charta. cap. 32.*

debitum, quod pertinet ad feodum illud.

Il défendit encore de donner à l'avenir des terres aux Maisons Religieuses, & de retenir ces terres à ferme, [d] ou de s'en réserver la joüissance pendant un certain temps en payant quelque redevance annuelle, dans la vûë que ces libéralitez deviendroient moins fréquentes lorsque les donateurs seroient obligez de se dépoüiller entiérement : *Nec liceat* [e] *de cætero alicui, dare terram suam alicui Domui Religiosæ ; ita quòd illam resumat de eadem domo tenendam. Nec liceat alicui Domui Religiosæ terram alicu-*

d Voyez Saint Anselme Livre 3. Epître 100. ligne 26. colonne 1. de l'édition de 1675. Henri de Bracton Livre 2. chapitre 9. fol. 27. ligne 21.

Et l'Auteur de *Fleta*, Livre 3 chapitre 12. §. 7. *in fin.*

e *Magna Charta*, cap. 36. *Fleta Lib.* 3. cap. 5. §. 5. 6.

F

jus sic accipere, ita quòd tradat illam, à quo eam recepit tenendam. Si quis autem de cætero, terram suam alicui Domui Religiosæ sic dederit & super hoc convincatur, donum suum penitus cassetur, & terra illa Domino illius feodi incurratur.

Mais cette Ordonnance n'ayant pas été bien observée, Edoüard premier, [*f*] Fils d'Henri III. l'an 1279. au mois de Novembre, en fit une autre apelée *Statutum de Religiosis*, par laquelle il défendit aux gens d'Eglise d'acquérir des fonds à quelque titre que ce fût, à peine de confiscation, premiérement au profit des Seigneurs féodaux immédiats, qui eurent un an pour se mettre en possession de ces acquisitions ; ensuite au

f Mathieu West- | Thomas Walsingham
minster sous l'an 1280. | sous l'an 1279.

profit des Seigneurs Supérieurs
qui eurent les six mois suivans;
& enfin au profit du Roi & de
ses Successeurs, si tous ces Seigneurs n'usoient point de leur
Droit, dans le temps qui leur
étoit marqué.

CUM dudum provisum fue-
rit, quòd viri Religiosi non
ingrederentur feoda aliqua sine
licentiâ capitalium Dominorum
feodorum, de quibus feoda illa
immediatè tenentur, & Religiosi postmodum, tam feoda sua
propria, quam aliorum hactenus
ingressi sunt, ea appropriando,
& emendo, & aliquando ex
dono aliorum recipiendo, per
quod servitia, quæ ex hujusmodi feodis debentur, & quæ
ad defensionem Regni, ab initio provisa fuerunt, indebitò
subtrahuntur, & capitales Domini escaetas suas inde amit-
tunt. Nos super hoc pro utilitate Regni nostri, congruum vo-
lens providere remedium, de

QUOIQU'IL [g] ait été déja ordonné que les gens d'Eglise ne pouroient point posséder des Fiefs sans la permission des Seigneurs immédiats, [h] ils n'ont pourtant pas laissé de s'en aproprier, d'en acheter, & d'en recevoir à titre de don, tant dans leur mouvance que dans la mouvance des autres Seigneurs : D'où il arrive que les services qui sont dûs à cause de ces Fiefs, & qui ont été d'abord introduits pour la défense du Royaume, cessent d'être rendus, & que les Seigneurs féodaux perdent leurs Droits de deshérence & de

g Voyez *Fleta Lib.* 3. *cap.* 5. *& Statut. Vuestmonasterien.* 3. *n.* 3.

h Il y a de l'aparence qu'avant cette Ordonnance, il en avoit été fait une semblable en Angleterre, autre que la grande Charte dont on a raporté plus haut deux Articles. Cependant l'Auteur de *Fleta Lib.* 3. *cap.* 5. ne fait mention que de cette Ordonnance, & de la grande Charte.

conſilio Prælatorum, Comitum, Baronum, & aliorum fidelium Regni noſtri, de Conſilio noſtro exiſtentium, providimus, ſtatuimus, & ordinavimus, quòd nullus Religioſus aut alius quicumque terras aut tenementa aliqua emere, vel vendere, vel ſub colore donationis, aut termini, [1] aut ratione alterius tìtuli cujuſcumque terras, aut

l Ce mot eſt obſcur & n'eſt point expliqué dans les Gloſſaires ; cependant comme il étoit défendu par le chapitre 36. de la grande Charte, de donner des terres aux Maiſons Religieuſes, & de ſe réſerver la joüiſſance de ces terres pendant un certain temps & moyennant quelque redevance : On pouroit dire ce ſemble que le mot, *termini,* eſt ici apoſé à la donation ſimple, & qu'il doit eſtre pris pour une donation faite avec rétention d'uſufruit pendant un certain nombre d'années. Joignez le Chapitre 15. des anciennes Inſtructions imprimées cy-aprés.

confiscation. [*i*] Voulans donc pour l'utilité de nôtre Royaume, aporter à ce mal un reméde convenable. Nous, de l'avis des Prélats, Comtes, Barons, & autres nos féaux Conseillers, avons pourvû, statué & ordonné, que nulle Communauté Religieuse ou autres gens d'Eglise, n'entreprennent d'acheter, de vendre, [*k*] & de recevoir par donation, soit pour toûjours, ou pour un certain temps, [*m*] & à quelqu'autre titre que ce puisse être, ou de s'aproprier de quelque maniere,

i Vide Cang. in Glossar. natur. Brevium in French. fol. 99. in fin. *Cowuell. Lib.* 3. *Instit. Juris Anglican. tit.* 2. §. 6. *& tit.* 5. §. 1. *Glanvill. Lib.* 7. *cap.* 17. fol. 55. *&c.*

k Voyez l'Auteur de *Fleta* Livre 3. chapitre 5. §. 8. page 182.

de la derniére édition. & Cowel *Lib.* 2. *Institut. tit.* 7. §. 12. *& tit,* 8. §. 4. *& 5.*

m On s'est déterminé à traduire ainsi sur l'Autorité de *Fleta* Livre 3. §. 6. chap. 12. & de Littleton Section 58.

*tenementa ab aliquo recipere,
aut alio quovismodo, arte vel
ingenio sibi appropriare præsu-
mat, sub forisfacturâ eorumdem,
per quod ad manum mortuam,
terræ vel tenementa* [n] *hujusmodi deveniant quoquo modo.
Providimus etiam quòd si quis
Religiosus, aut alius contra præsens statutum aliquo modo, arte
vel ingenio venire præsump-
serit, liceat nobis & imme-
diatis capitalibus Dominis feodi taliter alienati, illud infra
annum, & à tempore alienationis hujusmodi ingredi, & tenere in feodo & hereditate. Et
si capitalis Dominus immediatus*
par

n *Tenementum præ-*   Carg. *in* Glossar. &
dium *Urbanum. Vide*   Cowell.

par quelque artifice, ou sous
quelque prétexte que ce soit,
des terres à la campagne, &
des héritages situez dans les
Villes, à peine de confiscation
de ces biens de quelque maniére qu'ils soient tombez en
Mainmorte. Nous avons aussi
ordonné que si quelque Communauté Religieuse, ou autres
gens d'Eglise contreviennent
à ces présentes, Nous, & les
Seigneurs immédiats du Fief
ainsi aliéné, le pourons mettre
en nos mains dans l'an à compter du jour de l'aliénation &
le tenir en Fief, & comme nôtre Domaine. Et en cas que
le Seigneur féodal immédiat
ait négligé de saisir ce Fief
dans l'an, ou n'ait pas voulu
user de son droit, le Seigneur
suserain immédiat le pourra mettre en sa main dans les six mois
suivans, & le tenir comme il a

negligens fuerit, *&)* feodum hujusmodi ingredi noluerit infra
annum, tunc liceat proximo ca-
pitali Domino immediato feodi
illius, infra dimidium annum
sequentem feodum illud ingredi, *&* tenere ut prædictum est.
Et sic quilibet capitalis Dominus immediatus ingredi poterit
hujusmodi feoda, si propinquior
Dominus immediatus ingredien-
di hujusmodi feoda negligens
fuerit ut prædictum est. Et si
omnes hujusmodi capitales Domini hujusmodi feodi, qui ple-
næ ætatis fuerint, infra quatuor
maria, *&* extra prisonam, per
unum annum *&* dimidium ne-
gligentes fuerint, vel remissi
in hac parte, nos statim post

été dit cy-deſſus : Et de même chaque Seigneur ſuſerain immédiat, en cas que le Seigneur le plus proche ait négligé de ſaiſir, comme il a été déja dit. Et ſi tous les Seigneurs de ce Fief, majeurs, entre les quatre mers, & hors de priſon, ont été aſſez négligens ou s'ils ont eu aſſez d'indulgence pour ne le point ſaiſir dans l'an & demi : Nous, immédiatement aprés l'an acompli, à compter du temps que ces achats, ces donations, & ces acquiſitions auront été faites, mettrons en nôtre main ces terres & ces héritages, & nous les donnerons en Fief à d'autres, à la charge de certains ſervices, qui nous feront rendus pour la défenſe de nôtre Royaume : Sauf aux Seigneurs de ces Fiefs, leurs Gardes, leurs Droits de deshérence & de confiſcation, & autres droits qui leur appartien-

annum completum, à tempore quo hujufmodi emptiones, donationes, aut aliæ appropriationes fieri contigerit, terras & tenementa hujufmodi capiemus in manum noftram, & alios indè feoffabimus per certa fervitia nobis indè ad defenfionem Regni noftri faciendam, falvis capitalibus Dominis feodorum illorum vuardis, et efcaetis, & aliis ad ipfos pertinentibus, ac ferviciis indè debitis, et confuetis. Et ideò vobis mandamus, quod ftatutum prædictum coram nobis legi, & de cætero firmiter teneri, et obfervari faciatis. Tefte me ipfo. Apud Vueftmonaft. 14. die Novembris, anno Regni noftri 7.

nent, & les services dûs & accoûtumez. C'est pourquoi nous
vous mandons, que vous fassiez
lire ces présentes devant Nous,
& que vous les fassiez garder
& observer. Témoin moi-mê-
me. A Vuestminster le quator-
ziéme jour de Novembre, l'an
septiéme de nôtre Regne.

Dans les autres Royaumes [o]
on fit à peu prés de semblables
Ordonnances : En voici une de
Frédéric III. Roi de Sicile en
1296. qu'on raporte toute entié-
re, parce que les anciennes Loix
de ce Païs ne sont pas faciles à
trouver.

o Voyez l'Histoire de l'Interdit de Venise par *Fra Paolo.* La Charte des libertez de la Ville de Riom, accordée par Alphonse Comte de Poitou, Article premier, à la fin des Coûtumes de Beauvoisis par Beaumanoir page 457. *Bellug. in specul. Princip. rubr. 14. §. Videamus Math. de Afflictis Decis. 324. Statut. Polon. in v. Testamentum.*

SIC sumus nostrorum jurium amatores, quod nostra, demanii nostri, nostrorumque Comitum, Baronum, & Feudatariorum, ac Burgensium jura non minuantur, vel pereant. Idcirco providâ deliberatione

NOUS sommes [p] telle-
ment jaloux de tous nos
Droits, que nous voulons con-
ferver, non-feulement les nô-
tres en particulier, & ceux qui
regardent nôtre Domaine ; mais

p *Leg. Freder. III. cap.* 24. *pag.* 152. *&
cap.* 28. *pag.* 159.

G iiij

statuimus, ut si per aliquem Burgensem nostri Demanii, aut Vassallum dictorum feuda-tenentium, in Ecclesias prædium aliquod rusticum, vel urbanum quoque alienationis titulo, seu per aliquas voluntates ulti-mas, alienare, vel transferre contigerit; Prælati Ecclesiarum, ipsarum, seu Præpositi, quocumque nomine censeantur, prædia ipsa vendere, seu concedere teneantur & debeant: & si de Demanio fuerint hominibus nostri demanii; si Feudatariorum Vassalli fuerint, Feudatariorum Vassallis, [q] re namque carere non videntur,

q *Vide Leg. Frederic. III. cap. 28. pag.* 159.

encore ceux de nos Comtes, de
nos Barons, de nos Feudataires,
& de nos Bourgeois. C'eſt pourquoi nous ordonnons aprés une
mûre délibération, que ſi quelque Bourgeois de nôtre Domaine, ou quelque Vaſſal de
nos Feudataires, tranſporte à
l'Egliſe des héritages ſituez à
la Ville, ou à la Campagne, à
quelque titre que ce puiſſe être,
ſoit entre-vifs, ou par Teſtament ; les Prélats, ou les Chefs
des Communautez Eccléſiaſtiques feront obligez de vendre,
ou de ceder ces heritages, s'ils
ſont de nôtre Domaine, à des
perſonnes de nôtre Domaine,
& à des Vaſſaux de nos Feudataires, ſi ces héritages ont
été aliénez par quelques-uns
de ces Vaſſaux ; & de cette maniére les Egliſes ne perdront
rien, puiſque le prix leur tien-
dra lieu de la choſe. Et en cas

cum succedit pretium loco rei.
Quòd si non fecerint liceat no-
bis bona ipsa alienata ad nostrum
demanium, dictis Feudatariis ad
eorum dominium, absque pretio
revocare.

qu'ils ne fatisfaffent point à ces préfentes, il fera en nôtre pouvoir, & au pouvoir de nos Feudataires, de réunir ces biens à nos Domaines fans en rendre les deniers.

Mais nos Rois en uférent autrement à l'égard des Eglifes ; & pour expliquer ce qui fe paffa vers ce temps-là dans le Royaume au fujet des nouvelles acquifitions qu'elles avoient faites, & qu'elles faifoient tous les jours; il faut dire ici quelque chofe de l'affranchiffement des Main-mortables, & de l'abrégement des Fiefs.

Comme ceux qui font apelez dans les Loix Romaines *adfcriptitii & coloni*, [r] étoient pour ainfi dire membres des fonds, *terræ feu agri quodammodò membra,*

r *Vide Jacob. Goth.* | *de fugitivis & colonis,*
ad tit. Cod. Theodof. | *tom. I. pag. 452.*

dit Juſtinien ; [ſ] en ſorte que
les fonds n'étoient point vendus, [t] que ces perſonnes ne
le fuſſent pareillement ; de même par nôtre ancien Droit les
Mainmortables, ou les hommes
& les femmes de condition ſer-
ve, étoient réputez du pied,
& partie des terres, pour uſer
des termes d'une de nos Coûtumes. [u]

Cependant il faut diſtinguer
deux ſortes de Main-mortables;
car il y en avoit qui ne l'étoient
qu'à raiſon de leurs *Meix*, ou
de leurs héritages, & ceux-là
n'étoient point partie des fonds,
parce qu'ils devenoient libres
ou franches perſonnes, en re-
nonçant à leurs héritages, ſuivant la diſpoſition de la Coû-

ſ *Vide Leg. cum ſa-*
tis 23. *Cod. de Agri-*
colis, Lib. II. *tit.* 47.
t *Vide Leg.* 2. *Cod.*
in quibus cauſis coloni,
Lib. II. *tit.* 49.
u Vitry Article 145.

cume de Bourgogne, [x] qui porte que *l'homme de Mainmorte peut désavoüer son Seigneur, & s'avoüer homme franc de Monseigneur le Duc*, & suivant l'ancien Usage de la France, dont Durand surnommé le Spéculateur, [y] parle en ces termes : *Est autem homo de Mansata, quando Dominus dat alicui Mansum, cum diversis possessionibus, & propter hoc ille se facit hominem Domini, & ad certum servitium tenetur, & talis homo dicitur de Mansata, qui est homo ratione possessionum ; persona tamen ejus libera erit, secundùm consuetudinem Regni Franciæ, si dimissâ Mansatâ alio se transferat.*

Les autres étoient Main-mortables ou serfs de corps, & c'est de ces derniers qu'on entend

x La Coûtume de Bourgogne Duché Titre des Mainmortes, Titre 9. Article 9.

y *Speculator de Feudis.* §. *Quoniam* 2. *num.* 38. *Lib.* 4. *Part.* 3.

parler ici : *Tous hommes & femmes de corps*, dit une de nos Coûtumes, [z] *font audit Baillage de pourfuite, en quelque lieu qu'ils aillent demeurer, foit lieu franc ou non, & les peuvent leurs Seigneurs reclamer, & faire reclamer fi bon leur femble : Car tels hommes & femmes de corps, font cenfez & réputez du pied & partie de la terre, & fe baillent en aveu & dénombrement par les Vaffaux avec leurs autres terres.*

Et de là vient qu'anciennement en France, le Vaffal qui ne pouvoit point abréger ou diminuer fon Fief fans le confentement de fon Seigneur, ne pouvoit point auffi affranchir fes hommes de corps fans ce confentement, *Nus Vavaffor ne Gentishom*, difent les Etabliffemens de France, [a] *ne puet fran-*

<hr>

z Vitry Article 145.
a Les Etabliffemens de France donnez au | Public par Monfieur du Cange à la fin de l'Hiftoire de Joinvil-

chir son home de cors, en nulle maniére sans l'assentement au Baron, ou
du Chief Seigneur, suivant l'Usage
de cort Laïe.

De là vient encore, que les
hommes de corps que le Vassal
avoit afranchis sans le consentement de son Seigneur, étoient
acquis au Seigneur au même
état & en la même condition
qu'ils étoient auparavant : Car
lorsqu'un Fief étoit abregé,
l'hommage & les services de la
partie que le Vassal en avoit
ôtée, étoient acquis au Seigneur, si l'abrégement avoit été
fait sans sa permission.

Et de là vient enfin, que le
Vassal qui avoit afranchi ses
hommes de corps de sa seule
autorité, devoit soixante livres

<table>
<tr><td>

le, Livre 2. chapitre
34. page 69. Bouteil-
ler dans sa Somme.
Titre des Vicomtiers.
p. 903. ligne 19.

</td><td>

Les preuves de l'His-
toire de Château-vi-
lain, page 58. sous
l'an 1298.

</td></tr>
</table>

d'amende , comme le Vaſſal qui avoit abregé ſon Fief ſans le conſentement de ſon Seigneur.

Beaumanoir dans ſes Coûtumes de Beauvoiſis , [*b*] raporte cet ancien Uſage en ces termes : *Bonne choſe eſt à chaus , qui vuélent pourchacier franchiſe de leur ſervitude , que il facent confermer leur franchiſe par leur Souverain , de qui leur Sires tient ; car ſe je mes ſers leſquies je tieng de Seigneur , & les franchis ſans l'autorité de mon Seigneur , je les pert. Car il convient de tant comme à moi monte , que je leur tiengne la franchiſe que je leur ai pramiſe , mes mes Sires lesgaaingnera ,* car

---

b Beaumanoir, chapitre 45. pages 253. 254. Joignez l'Article 17. des Loix de Thibaud Comte de Champagne , imprimées à la fin du Commentaire de la Coûtume de Troyes de Monſieur Pithou , & les anciennes Coûtumes de Berry données au Public par Monſieur de la Thaumaſſiére , chapitre 29. page 263.

car il devenront si serf; & ainsint
il gaaingneroit, & se je pris aucun
loüier pour le franchise donner, je
leur suis tenus à rendre, puisque je
ne leur puis le franchise garandir, car
il est resous, que parce que je fis che
que ne povoie, ne ne devoie fere,
que il viengnent aussi riche en le main
de mon Signeur, comme il étoient
en le moie, & si suis encore tenus à
amande fere à mon Seigneur de che
que je li avoi son Fief apeticié, &
si seroit li amande de soixante livres.

Or si le Vassal diminuoit ou
abrégeoit son Fief, en afranchissant ses hommes de corps ;
il est tout visible qu'il l'abrégeoit aussi en recevant des gens
d'Eglise, le Droit d'indemnité
pour les terres qu'ils avoient acquises dans sa mouvance, & en
afranchissant ces terres [c] des

c Il faut observer gens d'Eglise se fai-
qu'anciennement les soient donner & lé-

H

Droits & des services qu'elles lui devoient, & il l'abrégeoit encore lorsqu'il permettoit à des Roturiers de posséder des Fiefs, qui relevoient de lui, & que pour de l'argent il afranchissoit ces Fiefs de l'hommage & des services qui lui étoient dûs : [d]

guer des terres *in puram & perpetuam eleemosynam* ; c'est-à-dire pour toûjours & avec exemption de droits & de services, & les Seigneurs féodaux étoient obligez & pouvoient être contraints d'aprouver ces dons : Ce qui n'avoit point lieu quand les terres étoient tombées en Mainmorte par achat ou par échange. Voyez les preuves imprimées cy-aprés.

d Selon l'opinion commune, les roturiers ne commencérent à posséder des Fiefs que dans le temps des Croisades ; & comme ils ne pouvoient point s'acquiter des services qui en étoient dûs, parce qu'ils ne faisoient point profession des armes, ils s'abonnérent avec les Seigneurs féodaux, & obtinrent d'eux des afranchissemens d'hommages & de services, pour lesquels le Roi Philippe III. par son Ordonnance de l'an 1275. les obligea de payer finance, comme on le verra dans la suite. C'est de là qu'il faut tirer l'origine du *franc-devoir*, dont il est parlé dans

Et par conféquent comme les Main-mortables de corps que le Vaſſal avoit afranchis, étoient acquis au Seigneur quand il n'avoit pas donné ſon conſentement à leur manumiſſion, le Seigneur devoit auſſi gagner l'hommage & les ſervices des héritages & des Fiefs, que ſon Vaſſal avoit afranchis ſans ſa permiſſion, en faveur des Egliſes ou des roturiers.

Beaumanoir dans ſes Coûtumes de Beauvoiſis, [e] fait à peu prés le même raiſonnement en ces termes. *Tout auſſint comme nous dit ichi deſſus, que aucuns ne puet*

---

l'Article 145. de la Coûtume de Touraine, & dans l'Article 21. de la Coûtume du Loudunois, au Titre des Rachats, que Pallu ni le Prouſt n'ont point entendus. Voyez l'Article 258. de la Coûtume d'Anjou, & Au-teſerre dans ſon Traité *de Origino Feudor. cap.* 10. *pag.* 322.

e Chapitre 45. des Aveus, page 255. à la fin. Bouteiller dans ſa Somme, Titre des Vicomtiers, page 903. ligne 25. 26.

H ij

franchir son Serf sans l'auctorité de
son Pardessus, & aussint ne puet nus
doner abriégement de serviches de Fief,
ne franchises de hiretages sans l'auctorité de son Pardessus. Et se aucuns
abriége le Fief qui est tenu de luy, ou
franchist aucun hiretage, li Sires de
qui che muet a gaagné l'oumage, &
est à plain serviche, & l'hiretage que
il truéve franchi ensement, & le Fief
que il truéve donné à villenage tout
aussint : Et se chil qui sont Sergneurs
du tres-fons vuelent sievir cheli, qui
le Fief leur abrega, ou qui leur bailla
le Fief en villenage, ou qui leur franchi le villenage qui mouvoit du Fief,
il puent suir le Seigneur qui che leur
bailla, se il leur convenancha [f] à
garantir tout en autelle maniere que
nous avons dit dessus chaus qui fran-
chissent leurs Sers sans l'octroi de
leurs Seigneurs.

f Il s'ensuit de là que le Seigneur qui affranchissoit, n'étoit point obligé à la garantie quand elle n'avoit point été stipulée.

Ce qui s'obſervoit ainſi entre
le Vaſſal & le Seigneur, s'obſervoit enſuite entre ce même
Seigneur & le Seigneur ſupé-
rieur dont il étoit le Vaſſal, &
entre les autres Seigneurs ſupérieurs en remontant de dégré en dégré ; c'eſt-à-dire que
ſi le premier Seigneur afran-
chiſſoit de ſon autorité les
Main-mortables de corps qui lui
étoient acquis, parce que ſon
Vaſſal les avoit afranchis ſans
ſa permiſſion ; ou s'il afranchiſ-
ſoit les héritages & les Fiefs
dont il avoit ainſi gagné, &
dont il avoit pris l'hommage &
les ſervices : Les Main-mortables de corps, & l'hommage &
les ſervices de ces Fiefs & de
ces héritages, étoient acquis au
ſecond Seigneur , enſuite au
troiſiéme, & ſucceſſivement aux
autres Seigneurs ſuſerains ou
ſupérieurs, ſi le ſecond & le

troisiéme Seigneurs, [*g*] en usoient de la même maniére, parce que chaque Seigneur ne pouvoit accorder ces afranchissemens, sans diminuer ou sans abréger son Fief.

Et de là il s'ensuit qu'un Arriére-Fief ne pouvoit point être abrégé sans le consentement de tous les Seigneurs dont il étoit tenu, en quelque dégré qu'ils fussent : Car si tous ces Seigneurs diminuoient ou abrégeoient l'un aprés l'autre leurs Fiefs, en afranchissant chacun

---

g L'on garde par coûtume (dit l'ancienne Coûtume de Bourges & de Berry) que là où aucune personne non noble acquiert de noble ; telle personne acquérant ne peut tenir l'acquêt se elle ne fait finance au Seigneur du Fief, & aussi de Seigneur en Seigneur jusqu'au Roi, se la chose n'est tenuë de personne privilégiée, qui tienne amorti, ou quel cas que telle personne privilégiée, soit second ou tiers, pour finer à l'achapteur, à lui, ou autrement le mettre hors de sa main dedans l'an : Ancienne Coûtume de Berty, Article 20. page 263.

de son autorité les Terres dont
ils avoient gagné & dont ils
avoient pris l'hommage & les
services de la maniere qu'on
vient de l'expliquer; il est évident qu'ils abrégeoient ou qu'ils
diminuoient aussi leurs Fiefs,
lorsqu'ils ne prenoient point
l'hommage & les services de ces
Terres, & qu'ils confirmoient
les afranchissemens que leurs
Arriére-Vassaux & que leurs
Vassaux avoient accordez sans
leur permission; parce que
l'hommage & les services des
Terres qui étoient ainsi afranchies, leur étant dévolus successivement, [h] ils afranchis-
soient successivement ces Terres, en approuvant ce qu'a-
voient fait leurs Arriére-Vassaux & leurs Vassaux. Et par
conséquent, si le Seigneur le

h Voyez l'Article | tumes de Bourges &
28 des anciennes Coû- | de Berry, page 263.

plus éloigné en remontant de dégré en dégré, étoit le seul de tous les Seigneurs suserains qui n'eût point consenti aux afranchissemens de Terres, & aux abrégemens de Fiefs qui avoient été accordez & faits par des Arriére-Vassaux, il est incontestable que l'hommage & les services des choses afranchies lui devoient apartenir.

Comme tous les Fiefs qui sont dans le Royaume, relévent médiatement ou immédiatement du Roi, on ne pouvoit donc en abréger aucuns sans sa permission, que l'hommage & les services des Terres qui avoient été afranchies ne lui fussent dévolus, & que le Roi, qui devenoit par ce moyen Seigneur immédiat de ces Terres, ne fût en droit de contraindre les Possesseurs de les mettre hors de leurs mains.

Sur

Sur ce fondement les Sénéchaux, les Baillifs, les Prevôts,
les Vicomtes & les autres Officiers Royaux, vers la fin du
treiziéme siécle, saisirent au
nom du Roi, ou mirent en sa
main tous les fonds dont les E-
glises [i] étoient en possession,
& les Fiefs que les Roturiers
possédoient avec abregement

i Ces Saisies étoient d'autant plus justes, que les Seigneurs au commencement, ne permettroient à leurs Vassaux de donner de leurs terres aux Eglises qu'à condition qu'ils s'en reserveroient assez pour s'acquiter des services qu'ils devoient, comme on l'a déja remarqué, & comme il se voit par ce passage d'une ancienne Charte de Guillaume Prince de Talmond en 1042. *Addidi omnibus Opti omnibus meis subfirmans, tibus, ut si qui ex isto meo honore voluerit loco sanctae Crucis, ac Monachis ibidem Deo servientibus, de possessione suâ dare, revendere non prohibeatur; sed potius com oneatur, tantillo inerd cto, UT DOMINUS INDE SUUM NON PERDAT SERVITIUM.* Besly dans les preuves de l'Histoire des Comtes de Poitou page 311. joignez le chapitre 32. de la grande Charte d'Angleterre rapporté cy-dessus.

de services, sans son consentement, ou sans le consentement
de ses predecesseurs ; Mais
comme ces procédures, quoique justes, étoient préjudiciables aux Eglises, & trou-
bloient le repos des familles ;
Philipe III. l'an 1275. fit en faveur des Eglises & de ses Sujets, l'Ordonnance qui suit, par
laquelle il confirma les Afran-
chiffemens que ses Barons a-
voient accordez, & ceux qui
avoient été aprouvez par trois
Seigneurs suzerains, lorsque les
choses afranchies étoient hors
des Terres de ses Barons, &
par laquelle il statua pour le
tems passé seulement, à compter depuis 29. ans, que les
Eglises qui avoient acquis des
fonds, & les Roturiers des Fiefs
avec abrégement de services
hors des Terres de ses Barons,

sans son consentement, & sans le consentement de ses Prédécesseurs, ne seroient point inquiétez au sujet de ces acquisitions, pourvû qu'ils le dédommageassent, en lui payant en argent la valeur d'une, de deux, de trois ou de quatre années des fruits de ces fonds & de ces Fiefs, suivant les diférens cas.

ECclesiarum utilitati, &
Subjectorum quieti provi-
dere volentes, providâ deliberatione præcedente in formâ quæ
sequitur, duximus ordinandum.
Videlicet quòd Senescalli, Ballivi, Præpositi, Vicecomites, &
alii Justitiarii nostri cessent, &
abstineant molestare Ecclesias super acquisitionibus quas hactenùs fecerunt in terris Baronum
nostrorum, qui, & quorum Prædecessores, nostris, & Prædecessorum nostrorum temporibus, per
longam patientiam usi fuisse noscuntur publicè, & patienter dare, & eleemosynare Ecclesiis, &
concedere quòd Ecclesiæ licitè acquisita tenerent assensu nostro
minimè requisito, absque ullâ

Voulant pourvoir au bien des Eglises [k] & au repos de nos Sujets; Nous avons résolu

k L'Auteur des Mémoires anciens, imprimez à la fin du Traité des nouveaux Acquêts de Bacquet & Loisel dans son Livre d'Observations melées au chapitre du Droit d'Amortissement, ont prétendu que sous le Regne de saint Loüis, il y avoit eu déja une Ordonnance au sujet des acquisitions continuelles que les Eglises faisoient, & le sentiment de ces deux Autheurs se peut prouver par l'Ordonnance de Charles le Bel de l'an 1326. qui sera raportée cy-aprés. Cependant l'Autheur de la Chronique de S. Martial de Limoges, semble nous marquer que Philippe III. a été le premier de nos Rois qui a fait payer Finance aux Eglises pour les biens qu'elles avoient acquis. Cet Autheur sous l'an 1271. parle en ces termes, qui font assez connoître que l'Ordonnance de Philippe, toute juste qu'elle est, ne fut point agréable aux Gens d'Eglise. *Coronatur Philippus Rex per Suessionensem Episcopum, nam Archiepiscopus Remensis per quinque dies, vel circa fuerat mortuus. Iste Philippus qui tanti viri fuit filius, cœpit initio suo gravare Ecclesias de Acquisitis, & aliis.*

reclamatione per nos, vel Præ-
decessores nostros, factâ dictis
Baronibus, vel Prædecessoribus
eorum. Insuper præcipimus, quòd
ubi Ecclesiæ acquisierint posses-
siones quas habent amortisatas
à tribus non computatâ personâ
quæ in Ecclesiam transtulit pos-
sessiones easdem, nulla eis per
Justitiarios nostros molestia infe-
ratur. Rursùs prò rebus aliis,
quas acquisierunt Ecclesiæ in ter-
ris, feodis, vel retrofeodis nostris
sine nostro, vel Prædecessorum
nostrorum assensu à 29. annis
citrà, hanc gratiam fieri volu-
mus, Ecclesiis videlicet, quòd
res & possessiones taliter extrà
manum suam pro nobis aut no-
mine nostro ponere non cogantur,

aprés une meure déliberation,
d'ordonner par ces Préfentes,
que nos Sénéchaux, nos Baillifs,
nos Prevôts, nos Vicomtes, &
nos autres Officiers, ceſſent
d'inquiéter les Egliſes pour raiſon des Acquiſitions qu'elles
ont faites juſqu'àpreſent dans
les Terres de nos Barons, qui
ont été publiquement en poſſeſ-
ſion, eux & leurs ancêtres, ſans
empêchement de nôtre part, ni
de la part de nos Prédéceſſeurs,
de donner des fonds aux Egliſes, & de les diſpenſer de mettre hors de leurs mains ceux
qu'elles ont acquis ſans nôtre
conſentement. [*l*] Nous défen-
dons auſſi à nos Officiers de trou-
blerlesEgliſes pour les héritages
qu'elles ont fait amortir par

l Voyez Beauma- | 260. ligne 33. 34.
noir, chapitre 46. page |

I iiij

dummodò pro possessionibus eleemosynatis eisdem , nobis præstent in pecuniâ quantum valere
possent fructus duorum annorum
rerum sic acquisitarum legitimè
æstimati. Ad alias verò possessiones , per quemcumque Contractum non gratuitum acquisitas
ab Ecclesiis , ad ponendum extrà manus volumus illas Ecclesias non compelli pro nobis , aut
nomine nostro, quæ nobis solvere
volunt in pecuniâ quantum valere possent fructus trium annorum legitimè æstimati. Quòd si
Ecclesiæ acquisierunt in allodiis
[m] in terris , feodis , vel retro-
feodis nostris , volumus quòd in

m *Sitis.* Voyez l'Or- | le Long , imprimée
donnance de Philippe | cy-aprés.

trois Seigneurs, fans compter la perfonne de qui elles les ont ac-quis. Nous ne voulons pas non plus qu'on les contraigne pour Nous & en nôtre nom, de met-tre hors de leurs mains les fonds qu'elles ont acquis depuis 29. an-nées [n] dans nos Terres, dans nos Fiefs & nos Arriere-fiefs, pourvû qu'elles nous payent en argent l'eftimation des fruits de deux années, fi ces fonds leur ont été donnez en aumône. Et fi elles les ont acquis à titre o-nereux par quelque Contract que ce foit, nôtre intention eft qu'elles foient auffi difpenfées d'en vuider leurs mains, en nous payant en argent la valeur des fruits de trois années. Et à

n Dans l'Ordonnan-ce de Philippe le Bel tranfcrite cy-aprés, il y a à 30. annis. vid. ftil. Parlam. part. 7. cap. 73.

eleemosynatis , & donatis fructuum unius anni nobis præf-
tetur æstimatio , in acquisitis verò non gratuito titulo fructuum
duorum annorum nobis æstimatio persolvatur , si res taliter acquisitas retinere maluerint quàm
ponere extrà manum. Præterea
in personis ignobilibus , quæ
res feodales acquisierint , & tenent ad servitium competens,
præcipimus Justitiariis nostris,
quòd hujusmodi personas ignobiles non molestent , sed eis in pace dimittant res taliter acquisitas. Quòd si personæ ignobiles
acquisierint in feodis , vel in retrofeodis nostris , extrà terras
prædictorum nostrorum Baronum,
& ita sit quòd inter nos, & perso-

l'égard des fonds qu'elles possédent dans les aleus situez dans
nos Terres , dans nos Fiefs &
nos Arriére-fiefs , si ces fonds
leur ont été donnez en aumône,
& qu'elles aiment mieux les retenir que de les mettre hors de
leurs mains , elles Nous payeront la valeur des fruits d'une
année , & de deux si elles les ont
acquis à titre onereux. Quant
aux personnes non nobles qui
ont acquis des Fiefs , s'ils les
possédent à la charge de rendre
les services qui en sont dûs ,
Nous ordonnons à nos Officiers
de ne les pas inquiéter , mais de
les en laisser jouïr paisiblement.
Et en cas que les personnes non
nobles ayent fait des acquisitions dans nos Fiefs ou dans nos
Arriere-fiefs , hors des Terres
de nos Barons , & qu'il n'y ait
point trois Seigneurs entre Nous

nam, quæ alienavit res ipsas non
sint tres, vel plures intermedii
Domini, præcipimus, quòd si
teneant ad servitium minùs competens, vel appareat feudi deterior facta conditio, cogantur
tales Possessores res feodales ponere extrà manum, nisi maluerint
præstare nobis æstimationem fructuum duorum annorum taliter
acquisitorum. Et si res feodalis
facta fuerit censualis, præstabitur
nobis quatuor annorum æstimatio, vel fiat per Officiarios nostros, quòd res in statum pristinum reducantur. Hanc autem ordinationem facimus pro casibus
illis, qui temporibus præteritis
præcesserunt, provisionem ipsam
nolentes extendi ad casus qui

& la personne qui a fait l'alie-
nation ; si les personnes non nobles possédent avec abregement
de services, & qu'il paroisse que
la condition du Fief soit deté-
riorée, ils seront contraints de
mettre ces Acquisitions hors de
leurs mains, ou de nous payer
la valeur des fruits de deux années : Et si des héritages feodaux ont esté convertis en cen-
suels, il Nous en sera payé la
valeur de quatre années des
fruits, ou nos Officiers feront
remettre les choses en leur premier état. Nous entendons que
la presente Ordonnance ait seulement lieu pour le temps passé,
& non pour le temps à venir,
Nous réservans à y pourvoir selon que le cas y échoira : & nôtre intention est encore de ne
point comprendre dans la pré-
sente Ordonnance les, aliena-

provenient in futurum, immò in his quæ de novo emerserint, novo provisionis remedio consulatur. Nolentes insuper prædictam ordinationem, ad alienationes extendi, de quibus sine dilatione sciri poterit manifestè, ipsas nobis adeò fore damnosas, & graves, quòd meritò non debeant aliquatenùs tolerari. Præmissa ordinatio facta Parisiis in Parlamenti . . . . post natalem Domini anno 1275.

tions qui pouroient Nous être à l'avenir tellement préjudiciables, qu'elles ne doivent point être tolérées. Donné à Paris au Parlement de Noel, l'an mil deux cents soixante-quinze.

Comme le mot de *Baron* étoit un nom général qui convenoit à tous les grands Seigneurs du Royaume, [o] & à tous ceux qui portoient Baniére à la Guerre, la question fut ensuite de sçavoir qui étoient ces Barons dont le Roi avoit entendu parler dans cette Or-

o *Vide Cangium in glossar.* & le même Auteur dans son glossaire sur Ville-Hardoüin, & sur Ioinville dis- | sert. 9. au commencement. Joignez le Livre 1. des Etablissemens chapitre 4. & 25. & livre 2. chapitre 36.

donnance, & à qui il sembloit avoir reservé le droit d'amortir, parce qu'ils en étoient en possession depuis long-temps sans empêchement de sa part & de la part de ses Prédécesseurs; & chaque grand Seigneur se flatant de pouvoir amortir comme auparavant, Philippe III. l'an 1277. fit une seconde Ordonnance, que l'Autheur des Memoires anciens [p] attribuë faussement à Saint Louis, [q] par laquelle il déclara que ce droit n'apartenoit qu'aux Pairs, [r] mais néanmoins avec cette restriction que les Pairs ne pouroient

p Ces Mémoires sont imprimez à la fin du Traité du Droit d'Amortissement de Bacquet & dans le Recueil d'Ordonnan. de Fontanon.

q L'Ordonnancequ'on rapportera cy aprés est si peu de Saint Loüis, qu'elle se trouve dans la septiéme partie de l'ancien Stile du Parlement entre les Arrests de l'an 1277.

r Vide Cangium in glossar V. Barones, & V. Pares.

roient point amortir leur propre
Domaine, ni les Fiefs [ʃ] qui
relevoient d'eux immédiatement, mais seulement leurs Arriere-fiefs : & à l'égard des Seigneurs non Pairs, [t] qu'ils ne
pouroient amortir ni leurs Domaines, ni les Fiefs qui relevoient d'eux immédiatement,
ni leurs Arriere-fiefs ; ce qui
doit être entendu des Arriere-
fiefs dont ils ne se trouveroient
point, en remontant, les troisié-
mes Seigneurs suzera, insuivant
l'Ordonnance de l'an 1275.

Ordinatum [u] *fuit per Consilium*
Domini Regis, Rege præsente quòd

ʃ Là raisonest qu'un
tel Amortissement au-
roit été un abregement
de leurs propres Fiefs.
Voyez Beaumanoir ch.
45. des Aveus page
255. à la fin.

t Voyez l'ancien Sti-
le du Parlement par-
tie 3. titre 45. de *Privi*.
leg. § 17.

u Voyez le Stile du
Parlement partie 7.
num. 47. cette Or-
donnance se trouve
manuscrite à la fin de
l'ancien Stile du Par-
lement, qui apartient
à Monsieur Desmarés.

K

Archiepiscopus Remensis, & Episcopi
Pares Franciæ, admortire non poterunt
Domanium suum, nec Feuda, quæ ab
ipsis tenentur immediatè, sed sua Feu-
da poterunt admortire; alii verò Epis-
copi, [X] qui non sunt Pares, nec Do-
manium suum, nec Feuda sua, nec
Retro-feuda poterunt admortire.

Et la même année le Parlement rendit un Arrest , par lequel il jugea suivant cette Ordonnance , que l'Evêque de
Chalons sur Marne , Pair de
France , ne pouvoit point amortir ce qui avoit été acquis dans
ses Fiefs par son Chapitre , ni
affranchir ses hommes de corps,

x Cependant l'Au-
teur du grand Coûtu-
mier qui vivoit sous
les Regnes de Charles
V. & de Charles VI.
écrit , que de son tems
les Seigneurs Hauts.
Justiciers Ecclesiasti-
ques pouvoient amor-
tir dans leurs terres ;
d'où il y a lieu de con-
jecturer, que cette Or-
donnance n'a point été
observée. Voyez l'Au-
theur du grand Coût.
Livre 2. chapitre 73.
page 164. à la fin.

même du consentement de son Chapitre, sans la permission du Roi , parce que l'afranchissement de ses serfs n'étoit pas moins un abrégement de Fief , ou un amortissement , que l'afranchissement des héritages que son Chapitre avoit acquis.

Pronuntiatum [y] fuit , quod Capitulum Cathalonenfe acquifita per ipfum in Feudis Epifcopi Cathalonenfis tenere non poteft , fine voluntate Domini Regis. Similiter dictum fuit quòd Epifcopi Cathalonenfes manumitere non poffunt fervientes fuos , etiam fi Capitulum confentiat , fine voluntate Domini Regis.

A l'exemple de Philippe III. Philippe I V. fon fils furnomé le Bel , ufa auffi de douceur à l'égard des Eglifes, & des Roturiers , c'eft-à dire , comme on l'a déjà expliqué cy - deffus , qu'au lieu de prendre l'homage

y *Vide part. 7. par. | lam. cap 50.*

K ij

& les services des heritages que les Eglises avoient acquis, & dont elles étoient en possession sans son consentement, ou l'hommage & les services des Fiefs que les Roturiers possedoient sans sa permission avec abrégement de services, & au lieu de contraindre les Eglises & les Roturiers de mettre ces héritages & ces Fiefs, hors de leurs mains à peine de saisie aprés l'an & jour, & de confiscation [a] des fruits, ce qu'il étoit en droit de faire à la rigueur ; il leur accorda aussi de demeurer en possession de ces biens en lui payant finance pour le dédomager.

Il fit donc l'an 1291. une Ordonnance pour le tems passé à compter depuis 1275. qui fut

z Voyez la Conference des Ordonnances liv. 10 tit. 4. part. 3. §. 3. & 4. tom. 2. page 937. L'Article 13. des Instructions Françoises imprimées cy-aprés, & l'Autheur du grand Coût. l. 2. c. 23. pag. 165. à la fin.

apellée *nova ordinatio*, au raport de l'Auteur des Memoires anciens, par laquelle il ftatua fix chofes.

La premiere, que les Amortiffemens octroïez par fes Barons, qui jufqu'alors avoient été en poffeffion d'amortir, feroient bons & valables, fauf neanmoins fon droit à l'avenir, & que l'Ordonnance du Roi Philippe fon Pere feroit éxécutée.

La feconde, que les Eglifes ne feroient point contraintes de mettre hors de leurs mains les héritages qu'elles avoient acquis à titre gratuit, fans fon confentement, & fans le confentement de fes Prédéceffeurs, en lui en payant en argent la valeur des fruits de quatre années, fi ces héritages étoient fituez dans fes Fiefs, ou dans fes Cenfives ; & s'ils étoient fituez dans fes Arriere-fiefs ou dans fes

Arriere-censives, en lui payant la valeur des fruits de trois années.

La troisiéme, qu'elles ne seroient point encore inquiétées pour raison des heritages, qu'elles avoient acquis à titre onéreux, sans son consentement, & sans le consentement de ses Prédécesseurs, pourvû qu'elles lui payassent en argent la valeur de six années des fruits pour les heritages situez dans ses Fiefs, & dans ses Censives, & la valeur des fruits de quatre années pour les heritages situez dans ses Arriere-fiefs, & ses Arriere-censives.

La quatriéme, que pour les héritages qu'elles avoient acquis dans les aleus situez dans ses Fiefs, & ses Arriere-fiefs à titre gratuit, sans son consentement, & sans le consentement de ses Prédécesseurs, elles lui payeroient la valeur des fruits de deux années.

La cinquiéme, qu'elles lui payeroient les fruits de quatre années pour ces mêmes heritages, si elles les avoient acquis à titre onéreux.

Et la sixiéme, que les Roturiers, qui avoient acquis de ses Fiefs, ou de ses Arriere-fiefs, avec abrégement de services, & hors des Terres de ses Barons, lui payeroient la valeur de trois années des fruits, & le dédomageroient encore au dire de Prudhommes, à cause de la détérioration des Fiefs & des Arriere-fiefs : à moins toutefois que les Roturiers qui avoient acquis des Arriere-fiefs, n'eussent obtenus ces abrégemens de trois Seigneurs, clause qui se trouve obmise en cette Ordonnance à l'égard des Eglises, quoique Philippe III. eût confir mé les Amortiſſemens qu'elles avoient obtenus d'un pareil nombre de Seigneurs. Ainſi aprés çette Ordonnance, les Seigneurs qui n'étoient point Barons quand ils étoient au nombre de trois, accordérent comme auparavant aux Roturiers, des abrégemens de ſervices ; mais ils ne purent plus amortir [a] ou accorder des afran-

---

[a] On s'étonnera peut-être que les Seigneurs au nombre de trois, ayent euDroit de permettre à des Roturiers de poſſeder des Fiefs, même avec abregement de ſervices, & qu'ils n'ayent pas pû amortir ou accorder aux Egliſes des afranchiſſemens de terres, & l'on ne manquera pas de dire qu'en cela la condition des Roturiers fût meilleure que celle des Egliſes ; cependant c'eſt tout le Contraire, car lorſque le Roi ne permit plus aux Seigneurs même, au nombre de trois, d'amortir, il ne leur permit plus auſſi d'exiger des Egliſes aucun droit à l'exception de celui d'indemnité, qu'il étoit juſte de payer aux Seigneurs féodaux immédiats. Ainſi ce fut un grand avantage aux Egliſes de n'avoir plus à faire qu'auRoi ſeul, à qui elles payoient une finance reglée, au lieu que les Roturiers avoient le malheur d'être obli-

afranchiſſemens de terres aux
Egliſes, ce qui étoit encore en
uſage du tems de Bouteiller, Auteur du 14. ſiécle, qui fait l'Amortiſſement un Droit Royal, & qui

gez de traiter avec plu-
ſieurs Seigneurs, qui
vendoient le plus
qu'ils pouvoient les
graces qu'ils ac-
cordoient : & la preu-
ve que l'intention du
Roi étoit en cela de
rendre la condition
des Roturiers mau-
vaiſe , afin que les
Fiefs ne fuſſent plus
abrégez , & que les
Roturiers ceſſaſſent
d'en acquerir , c'eſt
que quand il jugea à
propos de prendre
d'eux finance pour ces
acquiſitions, & pour
ces abrégemens de ſer-
vices , il fut nean-
moins long tems ſans
les décharger pour ce-
la de la finance qu'ils
avoient coûtume de
payer aux Seigneurs ,

comme il paroît par
l'article 28. des an-
ciennes Coûtumes de
Bourges & pays de
Berry , qui porte que
(*L'on garde en Coûtu-
me , que là où aucune
perſonne non noble ac-
quiert de noble , telle
perſonne acquerant ne
peut tenir l'acqueſt ſi
elle ne fait finance au
Seigneur du Fief , &
auſſi de Seigneur en
Seigneur juſqu'au Roi*)
d'où nous apprenons
que par la ſuite des
tems, les Roturiers qui
acquéroient des Fiefs,
furent obligez de payer
finance à tous les Sei-
gneurs ſuzerains , au
lieu que du tems de
ces Ordonnances , ils
ne payoient qu'à trois
Seigneurs.

L.

écrit [*b*] positivement, que des Arriere-fiefs possedez par des Roturiers, & tenus en quart degré du Roi, il n'est dû au Roi aucune finance.

b Livre 1. titre 1. page 648. *in princip.*

PRO Ecclesiarum utilitate, & Subjectorum nostrorum quiete sex duximus ordinandum. Videlicet , quòd Senescalli , Ballivi , Præpositi , Vicecomites , & alii Justiciarii nostri cessent, & abstineant molestare Ecclesias , super acquisitionibus , quas hactenus fecerint in terris Baronum nostrorum, qui , & quorum Prædecessores, nostris, & Prædecessorum nostrorum temporibus , per longam patientiam usi fuisse noscuntur, publicè, pacificè , & patienter da-

NOus avons crû qu'il falloit ordonner six choses pour le bien des Eglises, & pour le repos de nos Sujets. Sçavoir, que nos Sénéchaux, nos Baillifs, nos Prevôts, nos Vicomtes, & nos autres Officiers, cessent d'inquiéter les Eglises, pour raison des acquisitions qu'elles ont faites jusqu'à present dans les Terres de nos Barons, qui ont été publiquement en possession, eux & leurs Ancestres, sans empêchement de nostre part, ni de la part de nos Prédecesseurs, de donner des fonds aux Eglises,

re, & *eleemosinare Ecclesiis*,
& *concedere quòd Ecclesiæ li-*
cité acquisita tenerent assensu no-
stro minimè requisito, *absque ul-*
là reclamatione per nos & Præ-
decessores nostros facta dictis Ba-
ronibus vel Prædecessoribus eo-
rumdem; *salvo jure nostro in*
casibus futuris, & *jure eorum-*
dem. Rursùs pro rebus & posses-
sionibus aliis, *quas acquisierunt*
Ecclesiæ in terris, *feudis*, & *re-*
tro-feodis, *censivis*, *vel allodiis*
nostris, *sine nostro*, *vel præde-*
cessorum nostrorum assensu à tri-
ginta annis citrà, *usque ad diem*
constitutionis super hoc editæ per
inclitæ recordationis Dominum,
& *Genitorem nostrum Philip-*
pum, *Dei gratiâ Regem Fran-*

& de les dispenser de mettre hors de leurs mains ceux qu'elles ont acquis sans nôtre consentement, sauf pour l'avenir nôtre droit, & le droit de nos Barons. Nous voulons aussi, que les Eglises nous payent finance pour les fonds qu'elles ont acquis dans nos Terres, dans nos Fiefs, nos Arriere-fiefs, dans nos Censives, & nos Aleus, sans nôtre consentement, ou sans le consentement de nos Prédécesseurs, dans [c] les trente années qui ont précédé l'Ordonnance faite sur ce sujet par nôtre Seigneur & Pere Philippe d'heureuse mémoire, Roi de France, laquelle Ordonnance nous voulons être exécutée selon sa forme & teneur. Et quant aux

c ans l'Ordonnan- | transcrite cy-dessus il
ce de Philippe III. | y a, à 29. annis.

corum financiam fieri volumus,
& recipi secundùm formam constitutionis prælibatæ. De acquisitis verò citrà tempus dictæ constitutionis usque ad præsentem diem,
quia illa constitutio non extéditur
ad futura, sic duximus ordinandum. Videlicet quòd pro rebus,
& possessionibus, quas acquisierunt in feodis, & Censivis nostris, sine nostro, vel Prædecessorum nostrorum assensu, titulo
gratuito, res ipsas & possessiones
taliter acquisitas extrà manum
suam ponere non cogantur, dummodò pro possessionibus sic acqui-
tis, nobis præstent, in pecuniâ,
quantùm possent valere fructus
quatuor annorum rerum sic acquisitarum legitimè æstimati;

biens que les Eglises ont acquis depuis cette Ordonnance jusqu'à prefent , comme elle n'a point été faite pour l'a-
venir, nous avons refolu d'ordonner ce qui fuit : fçavoir , que
les Eglifes ne feront point contraintes de mettre hors de leurs
mains les héritages qu'elles ont
acquis à titre gratuit dans nos
Fiefs, & dans nos Cenfives, fans
nôtre confentement , & fans le
confentement de nos Prédéceffeurs , pourvû qu'elles nous en
payent en argent la jufte valeur des fruits de quatre années ; & de trois, fi les héritages qu'elles ont acquis à titre
gratuit font fituez dans nos
Arriere-fiefs , ou nos Arriere-
cenfives. Et pour ce qui eft des
héritages , qu'elles ont acquis
à titre onereux, s'ils font fituez
dans nos Fiefs & dans nos Cen-

*pro rebus verò taliter acquisi-
tis , scilicet titulo gratuito , in
retro-feodis nostris , vel retro-
Censivis , præstent æstimationem trium annorum. Pro rebus verò in prædictis terris feodis , & censivis nostris , titulo
non gratuito acquisitis , æstimationem sex annorum præstent ;
pro aliis verò in retro-feodis ,
& retro-censivis nostris acquisitis titulo non gratuito , quatuor annorum præstent fructuum æstimationem. Quòd si Ecclesiæ acquisierint in allodiis sitis in terris , feodis , aut retro-
feodis nostris titulo gratuito ,
æstimationem fructuum duorum annorum solvant. Quòd
si titulo non gratuito , quatuor*

fives , elles nous en payeront l'eftimation des fruits de fix années , & de quatre , fi ces héritages font fituez dans nos Arriere-fiefs , & dans nos Arriere-cenfives : & fi les Eglifes ont fait des acquifitions à titre gratuit dans les aleus qui font dans nos Terres, dans nos Fiefs ou nos Arriere-fiefs, elles nous payeront l'eftimation des fruits de deux années , & de quatre, fi elles ont fait ces acquifitions à titre onéreux. Et à l'égard des perfonnes non nobles , qui ont acquis de nos Fiefs , & de nos Arriere-fiefs , hors des Terres de nos Barons , fans nôtre confentement , fi entre [*d*] nous , & la perfonne qui leur a tranfporté ces biens , il

---

d Voyez Bouteiller dans fa fomme rurale Livre 2. tit. 2. page 658. au commencement.

annorum æstimationem præstent.
Quòd si personæ ignobiles feo-
da, vel retrofeoda nostra acqui-
sierint extra terras Baronum
prædictorum, sine nostro assensu,
& ita sit quòd inter nos, &
personam quæ alienavit res ip-
sas, non sint tres vel plures
intermedii Domini: Præcipimus,
si teneant terras ad servi-
tium minùs competens, quòd
præstent nobis æstimationem fru-
ctuum trium annorum rerum ta-
liter acquisitarum, & nihilo-
minùs de deterioratione feudi
nobis satisfacient, ad arbitrium
Proborum per nos deputando-
rum. Volumus enim quòd missi
à nobis pro financiis faciendis,
meliores financias faciant pro

n'y a pas trois Seigneurs, ou plus:
Nous ordonnons que ces perſonnes nous payent l'eſtimation des
fruits de trois années , en cas
qu'il y ait abrégement de ſervices , & que de plus ils nous
dédommagent à cauſe de la détérioration du Fief, au dire de
Prudhommes , que nous com-
mettrons à cet effet. Car nôtre intention eſt , que nos Commiſſaires ordonnez ſur le fait
de nos finances , les augmentent
s'il eſt poſſible , au-delà de ce
qu'il eſt dit ci-deſſus , ſans
qu'ils puiſſent les diminuer en
quelque maniere que ce ſoit.
Nous entendons que la preſente Ordonnance ait ſeulement
lieu pour le tems paſſé , & non
pour le tems avenir , nous ré-
ſervans à y pourvoir ſelon que
le cas y écherra. Et nôtre intention eſt encore de ne point com-

nobis, quàm suprà dictum est, si possunt, deteriores autem non recipiant ullo modo. Hanc autem ordinationem facimus pro casibus illis qui temporibus præteritis præcesserunt, provisionem ipsam nostram nolentes extendi ad casus qui provenient in futurum, immò in his quæ de novo emerserint, novo provisionis remedio consulatur. Nolentes insuper eamdem ordinationem ad alienationes extendi, de quibus sine dilatione sciri potuit manifestè, ipsas nobis adeo fore damnosas & graves, quòd meritò non debeant aliquatenùs tolerari. Et quia in Seneschalliis Petragoricensi, Carcassensi, Bellicadri, Tholosani, & Ru-

prendre dans la preſente Ordonnance les aliénations, qui
pourroient nous être ſi préjudiciables, qu'elles ne doivent au-
cunement être tolerées. Et comme dans les Sénéchauſſées du
Perigord, de Carcaſſonne, du
Beaucaire, de Toloze, & de
Rhodez, les heritages ſont plus
chers que dans ces Provinces ici,
nous voulons qu'on y exige, &
qu'on y leve le double de la finance, pour les choſes qui ont
été ſpécifiées cy-deſſus. À Paris
au Parlement de Noël, l'an
1291.

thensi possessiones sunt cariores,
quàm in istis partibus, pro financia præmissorum in quolibet
membro, & articulo suprà dicto, duplum volumus exigi &
levari. Prædicta Ordinatio facta Parisiis in Parlamento.......
anno Nativitatis M. CC. no-
nagesimo primo.

Quelque tems aprés cette Ordonnance, tous les Beneficiers du
Royaume, promirent a ce Prince
de lui payer les Decimes , &
la moitié de ces mêmes decimes que le Pape lui avoit accordées , pour le dedommager
des dépenfes qu'il avoit faites
à la guerre de Flandres, [e] &
en 1303. [f] & 1304. ce Prince
amortit gratuitement toutes les
acquifitions qu'ils avoient faites.

e Nicoles Gilles de
l'édition de 1560. fol.
122. ligne 51. *vide*

Cang. *in Gloffar.* tom.
2. col. 24 25.
f Voyez les preuves

Loüis Hutin l'aîné des enfans
de Philippe le Bel en 1315. [g]
accorda la même grace aux gens
d'Eglise à cause de ces decimes.

Mais Philippe le Long, qui
succeda à Loüis Hutin son frere
en 1316. par ses Lettres du 24.
de Fevrier [h] de la même année, commit Hugues Colom-
biers [i] avec ordre de se transf-
porter au Dioceze de Sens, d'y
saisir les biens des Eglises qui
n'étoient point amortis, & d'en
lever, ou d'en prendre les fruits
jusqu'à ce qu'elles eussent payé
finance, ou qu'elles eussent mis
ces biens hors de leurs mains.

Il lui ordonna encore de contraindre

---

g Voyez les preuves.

h Quoique Loüis
Hutin soit décédé en
1316. au mois de
Juin, ces Lettres de
Philippe le Long son
frere peuvent tres-bien
être du 24. de Fé-
vrier de la même an-

née, parce qu'avan
l'Ordonnance de Rous-
sillon, les années com-
mençoient au jour de
Pâques Voyez l'Ord
de Roussillon art. 39

i Voyez l'Auteur des
Mémoires anciens.

traindre les Eglifes de rapporter les fruits qu'elles avoient
perçûs de ces biens, depuis le
commandement qui leur avoit
été fait de les ceder, ou de les
tranfporter à des perfonnes fé-
culieres, à moins [k] toutefois
que les Eglifes, ou les perfonnes Ecclefiaftiques ne voeuluf-
fent compofer de ces fruits, &
qu'elles n'en offriffent une finance raifonable. Et c'eft de-là
qu'il faut tirer l'Origine du
Droit des nouveaux acquêts,
qui [l] n'eft comme on le voit
qu'une indemnité, ou un dé-
domagement dû au Roi par les
gens de Main-morte, pour avoir

k Cela n'eft point dans les mémoires anciens ; mais il le faut fuppléer.

l Voyez Bacquet dans fon Traité des nouveaux acquêts chapitre 38. où il remarque tres-bien que ce Droit ne fe paye au Roi, qu'au prorata de la joüiffance paf-fée, de forte que les gens d'Eglife outre cette finance, doivent encore payer le droit d'Amortiffement.

acquis des héritages, & pour les avoir possedez, ou en avoir joüi sans les faire amortir.

Aprés la Commission donnée à Colombiers, Philippe le Long en 1320. au mois de Mars, fit l'Ordonnance qui suit, par laquelle les Eglises, & les personnes non nobles sont taxées à une plus grosse finance, qu'elles ne l'avoient été par les Ordonnances précedentes, sçavoir.

Les Eglises dans les païs de Langue de France à la valeur des fruits de six années, pour les héritages qu'elles avoient acquis à titre gratuit dans ses Fiefs, & dans ses Censives ; & pour ceux qu'elles y avoient acquis à titre onéreux, à la valeur des heritages mêmes.

Pour les heritages situez dans ses Arriere-fiefs, & dans ses Arriere-censives, si les Eglises les avoient acquis à titre gratuit, à la valeur des fruits de quatre années, & de six, si elles avoient acquis ces héritages à titre onéreux.

Pour les héritages qu'elles avoient acquis dans les lieux où la basse Justice leur apartenoit, à la valeur de trois années des fruits.

A la valeur de deux années des fruits, pour les fonds qu'elles avoient acquis à titre gratuit dans les aleus situez dans ses Fiefs, & dans ses Arrierefiefs ; & à la valeur des fruits de quatre années, si elles y avoient acquis ces fonds à titre onéreux.

Et les personnes non-nobles à la valeur de trois années des fruits, pour les héritages nobles, qu'ils avoient acquis dans ses Fiefs, & dans ses Arrierefiefs, s'ils les possedoient à la charge d'en rendre tous les services ; & s'ils les possedoient

avec abrégement, ou afranchif-
fement de fervices, à la valeur
de quatre années des fruits.

Et quant aux Eglifes, qui
avoient acquis des terres à titre onéreux dans fes Fiefs, &
dans fes Cenfives au Païs de
Languedoc, où les fonds étoient
plus chers, il les taxe à la
valeur des Terres mêmes ; &
pour toutes les autres acquifitions, qu'elles y avoient faites
au double de ce que les Eglifes
devoient payer pour de femblables acquifitions au Païs de Langue de France.

*PHilippus, &c. Notum faci-
mus univerfis, quòd nos pro
Ecclefiarum regni noftri, etiam
Rei-publicæ utilitate, & Subjectorum noftrorum quiete, circà acquifita per ipfas Ecclefias,*

PHilippe, &c. [*m*] Sçavoir faisons, que pour le bien des Eglises de nôtre Royaume, pour le bien de l'Etat, & pour le repos de nos Sujets, nous

m Cette Ordonnance est au Registre *Pater* de la Chambre des Comptes fol. 145. & cependant l'Autheur des Mémoires n'en parle point.

M iij

& Ecclesiasticas personas in feo-
dis, & retrofeodis Laicis, Allodiis,
& Censivis temporalibus, necnon
& personas ignobiles in feodis no-
bilibus quæ ipsæ Ecclesiæ, & perso-
næ, absque nostro, & prædictorum
nostrorum assensu tenere non
possunt, præhabitâ super hoc de-
liberatione providâ, in modum
qui sequitur duximus ordinan-
dum. Videlicet, quòd pro rebus
& possessionibus, quas Ecclesiæ,
& Ecclesiasticæ personæ in feo-
dis & Censivis nostris, in parti-
bus Linguæ Gallicanæ, acquisie-
runt, titulo gratuito, sine no-
stro, vel Prædecessorum nostro-
rum assensu à 60. annis citrà,
res ipsas, & possessiones extrà
manum suam ponere non cogan-

avons crû aprés une mûre déliberation , qu'il falloit ordonner ce qui suit touchant
les acquêts faits par les Eglises
& les personnes Ecclesiastiques
dans les Fiefs & les Arriere-fiefs,
dans les Aleus , & les Censives
temporelles , ou par les personnes non nobles, dans les Fiefs nobles , que les Eglises & les personnes , tant Ecclesiastiques que
non nobles , ne peuvent posseder
sans nôtre consentement , ou
sans le consentement de nos Prédécesseurs. Sçavoir [*n*] pour les
païs de Langue de France, que

n Le Païs de Langue Françoise, dans les anciennes Ordonnances, est appellé Langue-d'Oüy à la difference du Païs de Lágue-d'Oc, c'est-à-dire du Païs, où pour dire Oüy, l'on disoit Oc. Cependant Cujas, dans son Commentaire sur le chapitre *Per venerabilem* 13. *ext. qui filii sunt legitimi* , & la Côte, sur le chap. *Licet* 32. *de Præbendis, & Dignitatibus,* ont pretendu que le Langue-d'Oc est ainsi nommé au lieu de Land de Goth , ou Terre de Goth , parce que cette Province a été possédée par les Goths. Voyez Catel

tur, dum tamen pro rebus, &
possessionibus, taliter acquisitis
nobis præstent in pecuniâ ratione
financiæ, quantùm valere pos-
sunt fructus sex annorum, &
possessionum sic acquisitarum le-
gitimé æstimati. Pro acquisitis
vero in feodis, & Censivis no-
stris, emptionis vel excam-
bii aut alio quocumque titulo non
gratuito, æstimationē pretii quod
pro eis in venditione perpetuâ
semel posset haberi, vel illud
pretium, si majus fuerit, pro
quo res ipsæ titulo, quod prædi-
citur, acquisitæ fuerunt. Idem pro
rebus & possessionibus acquisi-
tis per ipsas Ecclesias, & Eccle-
siasticas, personas in retro-feodis,
retro-censivis nostris titulo gra-

les

les Eglises, ou les personnes Ecclesiastiques, ne seront point contraintes de mettre hors de leurs mains les biens qu'elles ont acquis depuis soixante années sans nôtre consentement, & sans le consentement de nos prédecesseurs, dans nos Fiefs & dans nos Censives ; pourvû qu'elles nous en payent en argent la juste valeur des fruits de six années, si elles ont acquis ces biens à titre gratuit, & si elles les ont acquis à titre d'a-chapt, d'échange, ou à tout au-tre titre onereux, pourvû qu'el-les nous donnent ce qu'elles pourroient avoir de ces biens

dans son histoire des Comtes de Toulouse Livre 1. page 3 Scali-ger dans ses opuscules fol. 12;. Brerewood dans son Traité de la diversité des Langues page 337. 338. Pas-quier dans ses recher-ches livre 1. chapitre 13. Dominicy dans son Traité *De prerogativâ allodiorum cap. 10. n. 3. pag. 182. 183. & Cang. in glossar.*

N

tuito æstimationem fructuum
quatuor annorum, pro rebus verò acquisitis in dictis retro-feodis, & retro-censivis nostris titulo non gratuito, æstimationem
fructuum sex annorum. Idem
pro rebus, & possessionibus acquisitis in locis ubi pradictæ Ecclesiæ & Ecclesiasticæ personæ bassam habent justitiam, tantummodò æstimationem fructuum trium
annorum legitimè æstimatorum
pro financiâ nobis præstent. Pro
his verò quæ acquisitæ sunt in
earum feodis, retro-feodis, censivis & retro-censivis, in quibus
omnimodam habent justitiam, ac
merum & mixtum imperium,
eas ad præstandum nobis financiam, quoad præsens non volu-

en les vendant à perpétuité , ou ce qu'elles en ont elles-mêmes payé , en cas qu'elles les ayent acheté plus cher qu'elles ne les pourroient revendre. Elles ne feront point aussi contraintes de mettre hors de leurs mains les biens qu'elles ont acquis dans nos Arriere-fiefs & nos Arriere-cenfives , en nous payant pour les biens qu'elles y ont acquis à titre gratuit, la valeur des fruits de quatre années, & de six, pour les biens qu'elles y ont acquis à titre onereux. Pour les Acqui-fitions qu'elles ont faites dans les lieux où elles ont Baffe-juf-tice, elles nous payeront feule-ment la jufte valeur des fruits de trois années. Mais pour les Acquifitions qu'elles ont faites dans les Fiefs, les Arriere-fiefs, les Cenfives & les Arriere cen-fives, où elles ont Haute, Moyen-ne & Baffe-juftice, nôtre inten-

N ij

*mus compelli, donec super hoc
plenius duxerimus ordinandum.
Quod si Ecclesi̧ & person̄e pr̄e-
dicţ res ipsas acquisierint in allodiis sitis in terris nostris feodis, et) retro-feodis titulo gratuito, ̧estimationem fructuum duorum annorum, si eas retinere
maluerint quàm extra manum
suam ponere, nobis pŗestent. Si
autem titulo non gratuito, ̧esti-
mationem quatuor annorum no..
bis providè solvere teneantur. Si
verò persoņe ignobiles res, aut
possessiones aliquas in feodis, vel
retro-feodis nobilibus, absq; nostro, vel pŗedecessorum nostrorum
assensu, acquisierint, & ita sit
quod inter nos, & personam,
qu̧e res ipsas alienavit, non sint
tres, vel plures intermedii domi-*

tion est qu'elles en joüissent paisiblement, jusqu'à ce que nous
en ayons autrement ordonné. Si
elles ont acquis des héritages à
titre gratuit, dans les Aleus situez dans nos terres, nos Fiefs,
& nos Arriere-fiefs, elles nous
payeront la valeur des fruits de
deux années, en cas qu'elles aiment mieux retenir ces héritages que les mettre hors de leurs
mains; & si elles les ont acquis
à titre onereux, elles nous payeront la valeur des fruits de quatre années. A l'égard des personnes non nobles, qui ont acquis [o] des Fiefs, ou des Arriere-fiefs nobles sans nôtre consentement, & sans le consentement de nos prédecesseurs, lors
qu'il n'y aura point trois Seigneurs entre nous & la personne

o Dans l'Ordonn. de
Philippe le Bel, il y a
quòd si persona ignobi-
les feuda vel retrofeuda
nostra acquisierint.

N iij

ni, *& ad servitium competens
acquisita teneant*, *æstimationem
fructuum trium annorum*; *& si
ad minus competens servitium
teneant*, *æstimationem quatuor
annorum ratione financiæ nobis
præstent. Præterea quoniam in
partibus linguæ Occitanæ possessiones sunt cariores*, *quàm in partibus gallicanis*, *volumus*, *& præcipimus*, *quòd Ecclesiæ*, *& Ecclesiasticæ personæ dictarum partium*,
*& locorum circum-vicinorum in
quibus denarius annui reditus
pretio viginti denariorum*, *aut
plurium*, *vel circà communiter
hereditariè vendi potest*, *pro
rebus*, *& possessionibus*, *in feodis*, *& censivis nostris*, *titulo non gratuito*, *acquisitis*, *æstimationem pretii*, *quod proinde*

dont elles ont acquis, [p] elles nouspayeront la valeur de trois années des fruits, si elles possédent ces Fiefs, ou ces Arriere-fiefs à la charge d'en rendre tous les services ; & si elles les tiennent avec abrégement, ou avec afranchissement de servi-ces, elles nous payeront la va-leur de quatre années des fruits. Et comme les héritages sont plus chers dans le pays de Langue-d'Oc, que dans le pays de Lan-gue de France: Nous ordonnons que dans le pays de Langue-d'Oc, & dans les lieux voisins où [q] les rentes se constituent ordinairement sur le pied du de-nier vingt, ou environ, les Egli-ses, & les personnes Ecclesiasti-ques qui ont acquis des biens à

---

p Bouteiller dans sa somme livre 2. page 658. au commence-ment.

q Remarquez que sous le Regne de Phi-lippe le Bel on consti-tuoit des rentes.

N iiij

in legitimâ venditione poſſet ha-
beri, ſaltem æſtimato denario ad
viginti, vel illud pretium ſi ma-
jus fuerit pro quo res ipſæ titulo,
quod prædicitur, acquiſitæ fue-
runt, nobis ſolvant ; pro acquiſi-
tis per ipſas Eccleſias, & Eccle-
ſiaſticas perſonas in partibus ſu-
pra dictis in quibuſlibet aliis
membris, & articulis ante dic-
tis, ultra quàm in partibus gal-
licanis, duplum volumus exigi,
& levari. Noſtræ autem volun-
tatis eſt, quòd Eccleſiæ, & per-
ſonæ prędictę, pro rebus & poſ-
ſeſſionibus ante tempus prędic-
tum acquiſitis, ad pręſtandam
nobis pro eis financiam nullate-
nus compellantur. Si autem in
acquiſitis prædictis, vel in ali-
quo eorumdem fuerint caſtra,

titre gratuit dans nos Fiefs ou
dans nos Censives , nous donnent ce qu'elles pourroient avoir
de ces biens en les vendant au
juste prix, & au moins sur le pied
du denier vingt , ou ce qu'elles
en ont payé , si elles les ont acheté plus cher qu'elles ne les pourroient revendre. Et pour les autres acquisitions , qu'elles ont
faites dans ce même pays , elles
nous payeront dans tous les cas
specifiez cy-dessus, le double de
ce qui nous doit être payé dans
le pays de Langue de France.
Quant aux biens qu'elles ont acquis avant soixante ans , nôtre
intention est qu'elles ne nous en
payent aucune finance. Et si elles ont acquis des terres , où il
y a des Châteaux & des maisons
fortes, & qui ont des titres d'honneur annexez , ou d'autres droits
considerables, nous réservons à
nous , & à nos Gens des Comp-

domus fortes, & nobilitates, aut alia valoris notabilis, de his apud nos, & dilectas, & fideles gentes Computorum nostrorum Parisiis, quas de eorum valore particulari per justitiarios locorum certificari volumus, faciendi financiam reservamus. Rursùs si aliqui de acquisitis hujusmodi obtinendis gratiam à nobis, seu predecessoribus nostris habere, vel financiam prestitisse prætendant, quia forsitan prædictæ gratiæ ita sunt generales, quòd ad specialia locum non habent, vel interpretatione indigent financiæ, quæ factæ sunt cum personis ad hoc non habentibus potestatem, ipsas gratias, privilegia, seu financias per justitiarios nostros volumus non ad-

tes d'en taxer la finance, aprés
qu'ils auront été certifiez de la
valeur de ces chofes par les Juges des lieux. Et s'il y a quelques perfonnes qui prétendent
avoir obtenu de nous, ou de nos
prédeceffeurs, la permiffion de
poffeder, & de retenir ces acquêts, ou avoir payé finance;
comme ces graces font peut-être
fi vagues & fi générales, qu'elles ne doivent point avoir lieu
dans de certains cas particuliers;
& comme il y a de la difference
à faire entre ces Finances, parce qu'elles n'ont pas toutes été
payées à des perfonnes qui euf-
fent droit [r] d'amortir, Nous
ordonnons à nos Officiers de
n'avoir aucun égard à ces graces & à ces Finances, jufqu'à ce
qu'elles ayent été aprouvées par

r Dans cette Ordon-
nance, le Roi n'a plus
d'égard aux amortif-
femens accordez par
fes Barons & par les
Seigneurs, même au
nombre de trois.

mitti , [ʃ] quando . . . .
per ipʃas gentes noſtras, quas de
his per transſcriptum earum, ſub
ſigillis authenticis , vel earum
originalia doceri præcipimus, de-
clarentur. Nos autem res ipſas,
de quibus privilegia , vel gra-
tias obtineri , ſeu financias jam
factas præstari contigerit Eccle-
ſiis & perſonis acquirentibus in-
terim recredi volumus, & man-
damus inhibentes eiſdem Eccle-
ſiis , & perſonis , ne de cætero
res, aut poſſeſſiones aliquas , in
locis prædictis valeant acquirere,
vel præſumant. Datum Pariſiis
menſe Martio, anno Domini mil-
leſimo ccc. vigeſimo.

ʃ Dans l'Ordonnan- | crite il y a *quamvis.*
ce que j'ai vû manuſ- |

nos Gens des Comptes, à qui pour
cet effet les persõnes qui prétendent avoir obtenu ces graces, ou
avoir payé finance, envoyeront
des copies de leurs piéces, sous
des sceaux authentiques, ou les
originaux mêmes ; & nôtre intention est, que ces personnes
demeurent cependant en possession des biens, pour lesquels elles prétendent avoir payé finance, ou avoir obtenu grace de
nous, leur faisant au surplus
tres-expresses défenses d'en acquerir davantage dans les mêmes lieux. A Paris, au mois de
Mars, l'an 1320.

Mais cette Ordonnance, qui
est à la verité rigoureuse, ne fut
faite, selon toutes les apparen-
ces, que pour obliger les gens
d'Eglise à payer plus prompte-
ment les Decimes, que le Pape

avoit accordées ; & par conséquent il y a lieu de conjecturer
qu'elle demeura sans exécution.

Quoy qu'il en soit, on y peut
toûjours remarquer le progrés
de l'autorité royale, & du Droit
d'amortissement ; car Philippe
le Bel, par son Ordonnance de
l'an 1291. qu'on a rapportée cy-
dessus, ne fit payer aucune finance aux Eglises, ou aux personnes Ecclesiastiques, [a] pour
les biens qu'elles avoient acquis

a Le dessein de Phi-
lippe le Bel étoit néan-
moins de les taxer un
jour pour ces acquisi-
tions, comme on en
peut juger par un Ar-
rêt de l'an 1290. *inter
judicia Penth.* (*Baillivi, & alii justitiarii
nostri, non impedient
Ecclesias, & Ecclesias-
ticas personas, quin pos-
sint se accrescere in censivis & feudis suis, in
quibus habent omnimo-
dam justitiam, altam,
& bassam, sed in cen-
sivis, & feudis Eccle-
siarum, & Ecclesiasti-
carum personarum, qui-
bus nos, vel Barones,
vel alii Domini laïcales
habemus altam justi-
tiam, vel foris facturas,
inquiretur, qualiter dic-
ta Ecclesia, & Eccle-
siastica persona usa sunt,
& referetur.*)
Et l'intention de ce
Prince étoit encore de

dans leurs terres, où elles n'a-
voient que basse Justice. Et Philippe le Long, par son Ordonnance, les taxe avec raison pour ces
biens, à la juste valeur des fruits
de trois années ; parce qu'elles
ne peuvent point faire ces sortes d'acquisitions, que les hautes
Justices, qui relévent toutes du
Roy en Fief ou en Arriere-fief,
ne soient diminuées, ou abre-
gées.

faire payer finance aux gens d'Eglise, pour les biens qu'ils avoient acquis dans les lieux où ils avoient haute, moyenne, & basse justice ; mais par son Ordonnance de l'an 1304. il les dispensa de payer cette finance, à cause des décimes qu'ils lui promirent. *Item ipsis duximus concedendum, quòd non impedientur, aut inquietabuntur Ecclesiæ super possessionibus, seu reditibus emptis vel emendis, in feodis, retro-feodis, aut censivis suis, in quibus omnimodam altam & bassam habent justitiam, quin possessiones, aut reditus taliter acquisitos perpetuò tenere valeant absque coactione vendendi, vel extrà manum suam ponendi, aut nobis præstandi financias.* Voyez les Ordonnances imprimées cy-aprés.

Et en second lieu, Philippe le Bel, par son Ordonnance de l'année 1291. confirma les amortissemens, que ces Barons avoient accordez; mais avec la clause, sauf son droit à l'avenir, pour marquer qu'il vouloit un jour abolir ces Priviléges. Et Philippes le Long dans son Ordonnance ne parle point de ses Barons, n'ayant plus d'égard aux amortissemens que les Eglises avoient obtenus d'eux.

Cependant, comme cette Ordonnance demeura sans exécution, par la raison qu'on vient de rapporter, les Barons continuérent toûjours d'amortir, mais toutesfois gratuitement, du moins s'ils observérent les Loix; car l'Auteur des Memoires anciens, qui vivoit vers le commencement du quinziéme siécle, rapporte le passage d'une ancienne Ordonnance Latine, ne , fans parler neanmoins du Prince qui l'a faite, & fans en marquer la datte ; mais qui paroît poſtérieure au régne de Philippe [b] III. & qu'il y auroit aſſez lieu d'attribuer à Philippe le Bel ; par laquelle il eſt défendu aux Pairs de tirer aucun profit, ou aucun émolument des amortiſſemens qu'ils accordoient, afin qu'ils fuſſent moins faciles à octroyer ces ſortes de graces: *De his* [c] *prout ex declarationibus ſuper financiis habitis compertum eſt, poteſt intelligi, quòd tam ſuæ titulo dignitatis, quàm uſu longiſſimo, admortiſare, & eleemoſynare valeant,*

---

b Ce fragment d'Ordonnance ſans datte eſt rapporté à la fin de l'ancien ſtile manuſcrit qui appartient à M. Deſmarés ; mais celui qui l'a tranſcrite remarque que dans les regiſtres de la Chambre des Comptes elle ſe trouve aprés l'Ordonnance de Philippe III. ce qui pourroit la faire attribuer à ce Prince.

c On a reſtitué ce fragment d'ordonnance ſur le manuſcrit qui appartient à Monſieur Deſmarés.

O

pecuniam, seu quodvis emolumentum
proinde non recipiendo; ita tamen quòd
pro eleemosynis hujusmodi, eorum tenu-
ræ non demembrentur, seu eisdem de-
formentur.

Philippe le Long étant décedé l'an 1321. Charles le Bel son frere lui succéda, lequel en 1325. [d] ordonna que tous ses Baillifs, publiroient dans leurs territoires, qu'à l'avenir les Héritages nobles possedez par des Roturiers, & tous les fonds possedez par les Eglises, sans son consentement, ou sans lui avoir payé finance, aprés l'an & jour, lui seroient acquis & confisquez, [e] & il ordonna encore que les gens d'Eglise, qui n'avoient point payé les Décimes, ne joüiroient pas du Pri-

---

d Voyez l'Autheur des Mémoires anciens.
e Cecy fut renouvellé par la Chambre des Comptes en 1329. au rapport de l'autheur des Memoires anciens.

vilége que Philippe le Bel leur avoit accordé, de ne point payer finance pour les acquisitions qu'ils avoient faites.

Item [f] Ecclesiasticæ personæ habentes privilegium à charissimo Domino nostro rege Philippo Pulchro, de non finando, de acquisitis suis, quia privilegium istud fuit concessum pro duabus decimis, quas eidem Domino Regi, obtentu dicti privilegii solvere promiserunt, si de dictarum decimarum solutione docere possint legitimè, pro acquisitis ante datam dicti privilegii non finabunt, aliàs sic.

Et l'année suivante ce Prince fit une autre Ordonnance [g] pour le temps passé, à compter

---

f A la fin du Stile manuscrit, que Monsieur Desmarés m'a communiqué, cette Ordonnance est dattée de l'an 1325. cependant elle pourroit peut-être bien avoir été fai-te l'année suivante; quoi qu'il en soit, celui, qui l'a transcrite, remarque qu'elle est au registre *Pater* de la Chambre des Comptes, *fol.* 146. 150.

g Voyez l'Autheur

depuis 30. années, par laquelle il obligea les Eglises à lui payer finance pour leurs acquisitions, qui n'étoient point amorties, & qu'elles avoient faites sans son consentement, ou sans le consentement de ses prédécesseurs.

Aprés le décès de Charles le Bel, [h] comme ce Prince ne laissa qu'une fille posthume, les Pairs, ou les Barons du Royaume élurent en vertu de la Loy Salique, ou nommérent Roi PHILIPPE DE VALOIS, qui étoit cousin germain de Charles, & fils de Charles de Valois, frere de Philippe le Bel, à l'exclusion d'EDOÜARD troisiéme, Roi d'Angleterre, qui prétendoit à la couronne, à cause d'Izabelle sa mere, fille de Philippe le Bel; ce qui attira à la France une des

des Mémoires, & les anciennes instructions, & ordonnances impri-

mées cy-aprés.

h Il mourut en 1327.

plus rudes guerres, qu'elle ait peut-être jamais euë, [*i*] & dans laquelle Philippe de Valois ne fut pas seulement engagé, mais encore Jean, son fils, qui monta sur le trône en 1350. De sorte que sous ces deux régnes, si nous en croyons l'autheur des Mémoires anciens, l'on ne trouve dans les Regiſtres de la Chambre des Comptes, que des faits de guerre, des changemens de monnoyes, & des subsides, & rien de nouveau sur les Amortiſſemens; si ce n'eſt neanmoins deux [*k*] Ordonnances de Philippe de Valois de l'an 1344. & du 29. Octobre, addreſſées aux Gens des Comptes, dont cet Auteur a obmis de faire mention. La premiere, par laquelle il eſt defendu aux Com-

i Froiſſart, volume 1. Chap. 4.

k Ces deux Ordonnances sont rapportées par Fontanon.

miſſaires députez ſur le fait des Acqueſts, de prendre finance pour les Dons & Legs faits aux Curez, & autres Eccléſiaſtiques au deſſous de 20. ſols [*l*] de rente : Et la ſeconde contenant de pareilles défenſes en faveur des Hôpitaux pour tous les biens qu'ils avoient acquis.

Le Roy Jean, qui décéda l'an 1364. laiſſa pour ſucceſſeur Charles V. ſon fils, ſurnommé le Sage, qui fit entr'autres deux Ordonnances touchant les Amortiſſemens.

Par la premiére, qui eſt de l'an 1370. il taxa les Egliſes à de differentes finances, pour les héritages qu'elles avoient acquis dans ſes Fiefs & dans ſes Arriere-fiefs ; & il enjoignit encore à ſes Commiſſaires de

l Voyez le titre 3. | nes imprimées cy-a-
des Inſtructions Lati- | prés.

faire payer une seconde finance
aux personnes Ecclesiastiques,
qui chicaneroient pour se dispenser de payer celle qu'elles
lui devoient, à cause de leurs
nouvelles Acquisitions : d'où
l'Auteur des Mémoires anciens
conclud, que les gens d'Eglise
doivent être punis, lors qu'ils
acquiérent des biens, & qu'ils
les possédent sans payer finance
au Roi, attribuant vray-sembla-
blement à Charles V. l'origine
du droit de nouveaux Acquests,
quoiqu'elle doive être attribuée
à Philippe le Long, comme on
l'a remarqué cy-dessus.

Item [m] *pro reditibus & posses-*
sionibus, quos & quas gentes Ecclesias-
ticæ, & ignobiles acquisierunt, prout
dictum est, qui dictas acquisitiones fe-
cerunt, & rebelles ad sciendum, ut id
per eorum subterfugia, cavillationes,

m Cet article est ain- | theur des Mémoires.
si rapporté par l'au- |

allegationes, & [n] apellationes inde-
bitas, elapſo tempore hujuſmodi acqui-
ſitionum fieret, & contra ordinationes,
& prohibitiones ſuper hoc eiſdem fac-
tas, commiſſarios ad hoc deputatos mul-
tis vexando laboribus, & expenſis,
& poſtmodum in illis caſibus exigatis
pro eiſdem financias à quibus, prout ibi
declaratum eſt. Et ultrà hoc quæratis,
& exigatis conſimilem financiam, pro-
pter ipſorum inobedientias & rebella-
tiones.

Et par l'autre Ordonnance,
qu'il fit le huitiéme de May de
l'année 1372. il déclara, [o]
qu'*au Roy ſeul, & pour le tout apar-*
tenoit admortir en tout ſon Royaume,
à ce que les choſes puſſent être dites admorties; & préſuppoſé que les Pairs,

n *Vide ſtilum Par-*
lam. part. 3. *tit.* 34. *de*
Feudis. §. 2.

o Cet article eſt rap
porté par Guenois,
dans ſa Conférence.
Liv. 1. tit. 4. part. 1.

§. 3. tom. 2. p. 937.
Voyez Bacquet, dans
ſon traité des Droits
de Juſtice. Chap. 7.
nom. 2. & l'autheur
des Mémoires anciens
au commencement.

Barons,

Barons, & autres Seigneurs sujets ad-
mortissent, pourtant qu'il leur touchoit
ce qui étoit tenu d'eux, que toutesfois ne
pourroient, & ne devoient les choses
par eux admorties avoir effet d'admor-
tissement, jusqu'à ce que le Roy les eût
admorties ; mais que pourroit le Roy fai-
re contraindre les possesseurs à les met-
tre hors de leurs mains dans l'an, &
iceux mettre à son Domaine, s'ils ne le
faisoient. Et comme il y avoit long
temps que les Pairs ne pouvoient
tirer aucun profit des Amortissemens qu'ils accordoient, ce
qu'on a justifié cy-dessus : ils
n'eurent pas de peine à se voir
priver du Droit d'amortir, qu'ils
prétendoient avoir ; mais dont
ils n'avoient été cependant en
possession que par la tolérance
de nos Rois.

Aprés cette Ordonnance ,
les Eglises acquirent encore
librement dans les lieux qui
leur apartenoient , & où elles

P

avoient haute, [*p*] moyenne, &
baſſe-juſtice, & même elles continuérent d'amortir les héritages, [*q*] que les autres gens de
mainmorte y acquéroient ; ſur
le fondement que leurs terres
amorties, où elles avoient haute,
moyenne & baſſe juſtice, étoient
de purs Franc-aleus, [*r*] qui ne
relevoient plus de perſonne, & où
le Roy même n'avoit plus d'in-
tereſt ; mais cet uſage, qui auroit
à la fin cauſé la ruine de l'Etat,
fut aboli par Charles VI. [*ſ*]
De ſorte que l'Evêque de Lan-
gres, Pair de France, ayant you-

p Voyez l'article 14.
des Inſtructions Fran-
çoiſes de l'an 1384.
ſous le régne de Char-
les VI. imprimées cy-
aprés.

q Voyez l'Autheur
du grand Coûtumier.
liv 1. chap. 4. pag 17.
lig. 7. & liv. 2. c. 23.
pag. 164. à la fin.

r Voyez Loiſel dans
ſes Inſtitutes coûtu-
miéres. liv. 1. tit. 1.
Regle 66. de la der-
niére édition.

*Vid. Molin. in conſ.
Pariſ.* § 43. *num.* 135.
& § 51. *n.* 91.

ſ Ce Prince ſuccéda
à Charles V. en 1380.

lu obliger le Doyen, & les Chanoines de sa Cathedrale, à mettre hors de leurs mains des héritages qu'ils avoient acquis dans
sa haute justice, ou à lui payer
finance pour son Droit d'Amortissement ; il y eut Arrest l'an
1392. par lequel il fut jugé que
cet Evêque ne pouvoit point
contraindre ses Chanoines à
mettre hors de leurs mains ces
héritages, & qu'il ne lui étoit
rien dû pour le Droit d'Amortissement.

Per arrestum [t] *fuerunt recepti
Decanus & Capitulum Lingonense contra Episcopum Lingonensem, ad propo-
nendum, quòd possessiones poterant acquirere, & tenere res immobiles in alta
justitiâ dicti Episcopi, absque admorti-
satione ipsius faciendâ, nec poterat ipsos adstringere ad ponendum eas extrà
manus suas, propter admortisationem non
factam, vel financiam non solutam.*

t Joan. Gall. q. 311.

Toutes les Acquisitions que les gens d'Eglise pouvoient faire étant ainsi assujéties au Droit d'Amortissement envers le Roy, il ne restoit plus qu'à fixer la finance, qui lui étoit dûë pour ce Droit, parce qu'elle avoit été arbitraire [u] sous tous les régnes, dont on vient de parler; & Charles VI. l'an 1402. au mois d'Octobre, fit l'Ordonnance qui suit, par laquelle il déclara, [x] que *toutes personnes, qui voudroient admortir, & obtenir, ou obtiendroient Lettres d'Admortissement du Roy, seroient tenus de lui bailler, & bailleroient, & donneroient reaument; & de fait, avant la vérification, & entérinement de leûrs dites Lettres, au profit & accroissement du Domaine,*

---

u Voyez Monsieur le Président le Maître dans son Traité des Amortissements, ch. 4. à la fin.

x Cette Ordonnance est rapportée par l'Autheur des Mémoires anciens, & par Guenois, dans sa Conférence, au titre des Amortissements.

la tierce partie d'autant comme vau-
droient & monteroient les terres, ren-
tes & poſſeſſions, qu'ils voudroient ad-
mortir, laquelle tierce partie ſeroit aſ-
ſiſe ſous le Roy, en ſa terre & juſtice
ſans moyen.

Mais quoique cette Ordon-
nance paroiſſe générale, il faut
néanmoins obſerver qu'elle n'é-
toit, que pour les poſſeſſions nobles [y] & féodales, qui relevoient immédiatement du Roy :
du moins a-t-elle été toûjours
ainſi entenduë; car il eſt certain
que la finance pour l'Amortiſſement des Fiefs, qui ne relévent
point immédiatement du Roy, &
de tous les héritages roturiers,
a toûjours été moindre; ce qui
paroît par toutes les Déclara-
tions que les Rois ſucceſſeurs de

<hr>

y Voyez Bacquet,
dans ſon Traité du
Droit d'Admortiſſe-
ment. chap. 46. n. 4.
Loiſel, dans ſes Inſti-

tutes coûtumiéres. liv.
1. tit. 1. Regle 60.
Voyez Bacquet, au
même Traité, ch. 54.

Charles VI. ont fait fur les Amortiffements, & entr'autres par la derniére du 5. de Juillet 1689. où la différente finance duë au Roy pour fon Droit d'Amortiffement, eft ainfi fpécifiée. *Sera procédé à la liquidation des Droits d'Amortiffement par les Commiffaires généraux, que nous établirons pour ce fujet dans nôtre bonne ville de Paris; fçavoir à l'égard des Fiefs & autres* biens nobles mouvans immediatement de Nous, *tant à caufe des Domaines, dont Nous joüiffons actuellement, que de ceux qui feront tenus à titre d'appanage ou d'engagement, acquis par lefdits Ecclefiaftiques & gens de mainmorte,* [z] *depuis ledit temps fur le pied du tiers de la valeur du fonds d'iceux ;* & pour les biens en roture étant dans nôtre Cenfive; fur le pied du cinquiéme. *Et quant*

z C'eft à dire, depuis le Contrat paffé entre les Commiffaires du Roi, & le Clergé affemblé à Mante le 14. Aouft 1641.

aux Fiefs, & autres biens nobles, mouvans seulement de
Nous en Arriere-fief, *en quelque
degré que ce soit,* au Quint; *& à l'é-
gard des terres en Roture,* tenuës en
Censive des Seigneurs Censiers
& Féodaux, au sixiéme; *& pour
le Droit de nouveaux Acquests, & les
usages possedez par les Communautez,
à proportion de la joüissance qu'ils ont
faite depuis, & sur le pied de la derniére taxe, qui nous a été payée sur ce
sujet.*

Enfin comme Charles V. par
son Ordonnance de l'an 1372.
avoit déclaré qu'il n'y avoit que
lui seul dans son Royaume qui
pouvoit *amortir,* Charles VI.
[a] déclara qu'il n'y avoit que
lui seul qui pouvoit *afranchir;* &
ensuite Charles VII. par son

a Cette disposition, au rapport de l'Auteur des Mémoires, se trouve au livre des ; Mémoriaux de la Ch. des Comptes, signé A fol. 24.

P iiij

Ordonnance du 12. d'Aouſt de l'année 1445. article 31. [*b*] ſtatua que les Serfs, qui avoient été, ou qui ſeroient à l'avenir afranchis ſans ſon conſentement, ſeroient maintenus dans leur ſervitude, & appliquez au Domaine, s'ils ne ſe rachetoient [*c*] de lui, pour le même prix qu'ils avoient payé, ou qu'ils payeroient à leurs Seigneurs.

Et en effet, puiſqu'il étoit juſte que les gens d'Egliſe, & les autres gens de main-morte payaſſent finance au Roi pour leurs Acquiſitions, il n'étoit pas moins juſte que les main-mortables, ou les Serfs de corps, lui payaſſent finance pour leur

---

b Voyez la Confé-
rence des Ordonnances
au titre des Tréſoriers
de France. liv. 11 tit. 3.
§. 66. tom. 3. p. 40.
c Voyez la Coût. de
Vitry, art. 140. &
celle de Meaux, art.
153. & ce qui a été
obſervé cy-deſſus, p.
215. au cōmencement.

afranchiſſement ; parce que leur
afranchiſſement , comme on l'a
fait voir cy-deſſus, eſt un abrégement de Fief, & que tout abrégement, ou toute extinction de
Fief eſt un amortiſſement. D'où
il s'enſuit que juſqu'icy nos Auteurs ont mal défini l'Amortiſſement, [d] *une permiſſion octroyée
par le Roy aux gens de main-morte de
poſſeder des biens immeubles :* comme ſi
les gens de main-morte étoient
obligez d'obtenir du Roi la capacité de poſſeder ces ſortes de
biens , ce qui eſt abſolument
faux ; car ces perſonnes ne ſont
certainement obligez de recourir au Roi pour leurs Acquiſitions, qu'à cauſe que les Fiefs de
ſon Royaume ne peuvent point

---

d V. Bacquet , dans ſon traité du Droit d'Amortiſſement, ch. 39. L'Auteur du grand Coûtumier, liv. 1. ch. 23. au cōmencement, & la gloſe ſur l'ancien- ne Coûtume de Nor- mandie, ch 115. fol. 205.

être abregez, [e] ou diminuez sans son consentement, & sans lui payer finance; [f] & ainsi l'Auteur de la Chronique du Bec nous a fort bien expliqué le mot *Amortir*, quand il nous a dit qu'il ne signifie autre chose qu'a-franchir une terre des Droits, & des services qu'elle doit; *No-ta*, [g] dit-il, *quòd amortisatio nihil aliud est quàm terram domino tri-butalem, reddere immunem ab illo.*

e L'incapacité, qui oblige les gens de main-morte d'obtenir des Lettres du Roy, n'est point de leur part; mais, pour ainsi dire, de la part des Fiefs, qui ne peuvent point être abregez ou diminuez, sans sa permission : & pareillement si les main-mortables de corps sont obligez de recourir au Roi pour leur afranchissement, quoiqu'ils l'aient déja obtenu de leurs Sci-gneurs; ce n'est pas par ce qu'ils sont incapables de devenir libres sans la permission du Roy; mais parce que les Fiefs, dont ils font partie, ne peuvent point être abregez sans son consentement.

f Voyez Mézeray, dans sa grande histoire, en la vie de Philippe Auguste, Tom. 1. de la derniére édition, pag. 9.

g *Chron. Beccen.* p. 16. lin. 44.

Et comme nos Peres apelloient
[h] *mort-gage*, le gage qui n'o-
péroit rien, c'est à dire le gage
qui ne s'acquitoit pas de ses issuës, ou dont les fruits appar-
tenoient au Creancier, & en pure perte pour le Debiteur, à la
difference du gage-vif, qui s'acquitoit de ses issuës, & dont le
Creancier prenoit les fruits en
déduction de ce qui lui étoit dûs
ils appellérent *gens de main-morte*
[,] tous ceux qui possedoient
des fonds amortis & afranchis
de redevances & de services, à
la difference des particuliers,
qui devoient desservir leurs
héritages, & payer à tous les
Droits qui en étoient dûs.

b Voyez Loisel, dans ses Instit. liv. 3 tit. 7. regl. 1. & 2.

i Du Moulin, E-doüard Cox, & quelques autres Auteurs, veulent que les gens d'Eglise ayent été ainsi apellez, parce qu'ils ne meurent jamais, Mais mal.

Jusqu'icy l'on a expliqué l'origine, & le progrés du Droit d'Amortiſſement ; & l'on a fait voir que ce Droit eſt un des plus juſtes de la Couronne ; il faut maintenant parler des Rentes conſtituées, & examiner ſi les gens de main-morte en doivent payer finance au Roi , ou s'ils n'en doivent point payer finance.

Les Eccléſiaſtiques, & les autres gens de main-morte ſoûtiennent qu'ils ne doivent rien payer au Roi pour ces rentes ; ce qu'ils prétendent prouver par quatre raiſons, que Bacquet a rapportées dans ſon traité [k] du Droit de nouveaux acqueſts.

La premiere eſt que le Droit d'Amortiſſement , & de nouveaux Acqueſts , n'eſt dû au Roi que pour ie récompenſer de

k Chap. 29.

la perte, & du dommage qu'il
fouffre, quand des héritages
tombent en main-morte ; parce
que les Communautez ne meurent point, & n'aliénent point ;
& que par ce moyen le Roi perd
fes Droits de Lods & Ventes, de
Quints, Requints, Reliefs, Ra-
chapts, & autres droits féodaux ;
ce qui ne peut pas avoir d'appli-
cation aux Rentes conftituées,
parce que les gens de Main-morte, qui ont de ces rentes,
ne font point proprietaires des
fonds qui y font hypothequez ;
ce qui eft fi vray, que ces fonds
font toûjours vendus également
nonobftant ces rentes, & fans
perte de la part des Seigneurs,
qui doivent toûjours être entie-
rement payez de leurs Quints,
de leurs Reliefs, de leurs Lods
& Ventes, & de leurs autres
Droits.

La seconde raison est, que les Rentes constituées, ou les rentes volantes sont plûtost réputées des meubles que des immeubles, suivant la disposition de nos Coûtumes ; & que ces rentes pouvant tous les jours être éteintes ou rachetées, elles ne doivent point être regardées comme des héritages, qui sont des biens dont la durée est perpétuelle.

La troisième est, que les rentes constituées n'ayant été d'abord permises qu'en faveur des Clercs, afin qu'ils pussent plus aisément se nourrir, & s'entretenir, il n'est point juste qu'elles soient sujettes au Droit d'Amortissement, & de nouveaux acquests.

Enfin la derniere raison est qu'autrefois les Roturiers, qui avoient acheté des rentes à vie, à prendre sur des héritages nobles

n'en devoient aucune finance au
Roi, comme le porte expresse-
ment un article des instructions
dressées sur le fait des Franc-
fiefs & des Nouveaux Acquêts,
donnez au public par Bacquet;
[l] à cause que ces sortes de
rentes ne préjudicient pas au
Roi, qui n'est point obligé d'en
payer les arrerages, quand il arrive ouverture des Fiefs qui re-
levent de lui, suivant l'article
28. de la nouvelle Coûtume de
Paris, qui porte que *le Seigneur
feodal, aprés qu'il a saisi ou fait saisir
& mettre en sa main le fief mouvant
de luy, par faute d'homme, droits &
devoirs non faits pendant & durant le
temps de sa main-mise, & qu'il le
tient en sa main, n'est tenu de payer &
acquiter les rentes, charges ou hypothé-*

---

l A la fin de son trai- | colomn. 2. lig. 42. de
té du Droit d'Amor- | l'edition de Lion, de
tissement, pag. 147. | l'année 1658.

ques non infeodées, conſtituées ſur icelui par ſon vaſſal.

Mais il ne faut qu'expliquer la nature des Rentes conſtituées, & marquer leur origine, & leur pro-grés, pour faire voir aux gens de main-morte, que, nonobſtant ces raiſons, leur prétention peut être légitimement conteſtée.

Du Moulin, [m] Saumai-ſe, [n] & Gaſpard Rodericus [o] ont été d'avis que l'uſage des Rentes conſtituées à prix d'argent ne s'eſt point introduit dans les bas ſiécles, & que ces rentes étoient anciennement en uſage chez les Romains : en ef-fet par le Droit du Digeſte, quand les Debiteurs étoient ſol-vables, on n'exigeoit point d'eux les deniers publics, qui produi-ſoient

m *Molin. de uſuris.* | 78. 79.
q. 75. num. 585. | o *Gaſp. Roderic. de*
n *Salmaſ. de fœnore* | *annuis reditib. l. 3 q. 3.*
trapezitico. ſag. 77. | *n. 7. 8. p. 276. col. 2.*

soient interest ; en sorte que ces debiteurs pouvoient se liberer, quand ils vouloient, sans crainte d'être inquietez pour la somme principale, qui leur avoit été prêtée, [p] *si bene collocatæ sunt pecuniæ publicæ, in sortem inquietari debitores non debent, & maximè si parient usuras;* ce qui fut ensuite étendu aux héritiers des debiteurs, par la constitution de l'Empereur Constantin le Grand de l'an 304. *Apud eos, [q] quos superstites integris facultatibus esse per-videris, vel quorum hæredes incolumia retinent patrimonia, sortes Reipublicæ perseverare debebunt ; ita tamen ut annuas usuras suis quibusque temporibus exolvant, cùm simul & Reipublicæ utile sit retinere idoneos debitores, & ipsis sit commodum cumulum debiti mi-nimè nutriri, &c.*

p L. 33. ff. *de usuris.*
q L. *unic. cod. Theo-dos. de Curator. Kalen-darii. tom.* 4. p. 574. l. | 2. *cod. de debitor. civi-tatum. lib.* 11. *tit.* 32. *Vid. Novel. Justinian.* 160.

Q

Cependant Loiseau, Auteur exact, qui a bien vû que cette opinion n'étoit pas soûtenable, a été obligé de demeurer d'accord que nos rentes constituées n'ont été connuës que dans les bas siécles : [r] mais quant à leur origine, [ſ] il a prétendu qu'elles ont été prises de la constitution de Constantin le Grand qui vient d'être rapportée; & en cela cet Auteur ne s'est gueres moins trompé que les trois autres : car chez les Romains, si les deniers publics ne devoient point être exigez des debiteurs, ni de leurs héritiers, tant que les uns & les autres étoient solvables, & qu'ils en payoient les interests, c'étoit particuliére-

r Loiseau, du Déguerpiss. n. 2. ch. 6. l. 1.
V. Brodeau sur l'art. 94. de la Coût. de Paris, n. 2.
ſ Loiseau, du Déguerpiss. ch. 6. n. 3. 6. liv. 1.

ment en faveur des Villes : *quia Reipublicæ utile erat retinere idoneos debitores* ; au lieu que dans les rentes conſtituées, le ſort principal n'eſt point exigible en faveur des debiteurs : [1] ou plûtoſt parce qu'y ayant Achapt, & Vente, dans le Contrat de conſtitution, il eſt des regles, que les deniers qui en compoſent le prix, appartiennent toûjours au Vendeur. De ſorte que l'uſure, dont il eſt parlé dans ces Loix, étant bien differente de nos rentes conſtituées, il faut neceſſairement leur trouver une autre origine.

La queſtion a été agitée par les anciens Juriſconſultes Romains, de ſçavoir, ſi c'étoit conſtituer une ſervitude ſur ſon fonds, quand on donnoit droit à quelqu'un d'y percevoir, ou

1 Loiſeau, du Déguerpiſſ. liv. 1. ch. 6. n. 10.

Brod. ſur l'art. 94. de la Coût. de Paris, condit. 1. n. 3.

d'y prendre des fruits ; & le Jurifconfulte Paul a été d'avis qu'un tel Droit n'étoit point une fervitude, *ut* [u] *pomum decerpere liceat, & ut fpatiari, & cœnare in alieno poffimus, fervitus imponi non poteft.*

Tous les Interprétes font demeurez d'accord que ce Droit n'étoit point une fervitude prédiale, c'eft-à-dire une fervitude duë par un fonds à un autre fonds : *Quia* [x] *hoc jus non pertinet ad amœnitatem, & utilitatem prædiorum* ; mais le doute a été grand entr'eux de fçavoir, fi c'étoit une fervitude perfonnelle.

Azon, [y] dont l'opinion a été fuivie par un grand nombre de Docteurs , & entr'autres

u *L.* 3. *ff. de fervitutibus.*
x *Cujac. ad leg.* 3. *ff. de fervit.*

y *Azo, in Summa ad tit. Cod. de fervit: n.* 15. *in fin.*

[z] par Accurse son disciple, a prétendu qu'un tel Droit n'étoit point une servitude personnelle, mais seulement un pact, ou un contract, qui produisoit une action personnelle contre celui qui s'étoit obligé : *Est quoddam jus ex stipulatione quæsitum, ac si stipulatus essem, te mihi daturum decem.*

Au contraire Roger, ancien Glossateur, a soûtenu que c'étoit une servitude personnelle, & son sentiment a été aussi suivi par un grand nombre de Docteurs.

Ceux [a] qui tiennent le party d'Azon disent, que le droit de

z *Accursius, Butrigarius, Albericus, Bartolus, Cujac. Ant. Faber ad leg. ut horum 8. ff. de servit. Cujac. 24. obs. cap. 22. Bened. Pinell. l. 2. selection. cap. 11. n. 17. Capola, de servit. c. 8. n 1. Lylam. 7. membran. cap. 44. Guil. Forner. 2. selection. cap. 28. &c.*

a *Petrus à Bellà portica. Cynus ad rubr. Cod. de usufruct. Odofredus Duarenus. Buzius, Gotthof. Corasius n. 10. ad l. g. ut pomum. ff. de servit. Falgos. ad leg. pecoris pascendi. n. 5. ff.*

prendre ou de cueillir des fruits dans le fonds d'autrui, ne ressemble point à l'usufruit & à l'usage, & que par consequent il n'est point une servitude personnelle : *Sed neque est servitus personalis*, dit M. Cujas, [*b*] *quia nec usui, vel fructui ea facultas decerpendorum pomorum, vel spatiorum faciendorum in alieno similis est, & quæ non his duabus servitutibus personalibus adsimilantur, servitutes personarum non sunt.*

Mais ceux qui suivent l'opinion de Roger, répondent qu'il y a toûjours servitude sur un fonds, quand le proprietaire est de droit obligé de souffrir qu'un autre y fasse quelque chose; d'où ils concluent que dans le cas,

de servit. rust. Joan. Faber ad §. aquæ n. 3. 4. 5. Inst de action. Zazius, lib. 11. respons c. 1. 11. Donellus, lib. 11. Comment. cap. 1. del

Castillo, de usufructu, cap. 49. n. 23.

b Cujac. lib. 14. Obs. cap. 22. Ant. Faber ad lib. ut pomum, 8. ff. de servit.

dont il s'agit, cette servitude n'étant point réelle, il faut nécessairement qu'elle soit personnelle : *Quisquis enim jure constituto alterum in re suâ quid facientem, cogitur pati*, dit [c] un fameux Jurisconsulte, *hujus res servit. leg. quoties. I. in fin. ff. de servitutibus. Quisquis item in re suâ jus suum aliquâ in parte diminuit, alterius auxit, servitutem rei suæ imposuit, leg. de pupillo. §. & belle ff. de operis novi nuntiatione ; in ea autem causa est, qui alteri in re suâ pomi decerpendi, spatiandi, cenandi, jus concessit, sic enim cogitur pati quod prius non cogebatur, & apertè his rebus, ut diminuit jus suum, ita auget jus ejus cui concessit : non dubium igitur, quin hoc cesso, aut relicto servitus constituta sit, quæ si non est prædii, restat ex divisione superiore, ut sit personæ.*

En effet, puisque le proprie-

<hr>

c *Hugo Donellus 11. Commentar. cap. 1.*

taire d'un fonds le peut charger
ou y conftituer une fervitude,
en donnant droit d'y percevoir
des fruits à celui qui poffede
quelque terre ; il paroift bien
jufte qu'il ait auffi le pouvoir de
charger fon fonds, ou d'y conftituer une fervitude, lorfque
celui à qui il donne la faculté
d'y percevoir des fruits, ne poffede point d'héritage : & par
confequent comme dans le premier cas la fervitude feroit réelle, parce qu'elle feroit dûë par
un fonds à un autre fonds ; il
réfulte que dans le fecond cas
elle doit être perfonnelle, fui-
vant l'opinion de Roger, qui a
prévalu à celle d'Azon : car
Jean Faber écrit qu'anciennement en France, on regardoit
ces fortes de droits comme des
fervitudes perfonnelles ; d'où
l'on peut conclure que dans les
autres pays ils étoient confide-
rez

rez de la même maniere : *Quid
ergo . . . [c] constituisti mihi exple-
tum in nemore tuo ; videlicet quòd possim recipere de lignis nemoris tui , quantùm est mihi necessarium pro calefa-
ciendo hospitium meum , vel rustici cu-
jusdam mansi debent mihi bravium ,
vel operatorium , qualibet hebdomadâ:
Numquid hæc , & similes erunt servitutes personales ? Vel si concessisti mihi,
quòd possim haurire aquam de fonte ,
vel puteo quos habes in domo tua : Glos-
sæ voluerunt dicere , quod talia non debent dici servitutes , & sic pro talibus
non agetur confessoria . . . . Petrus de
Bellâ perticâ tenet contrarium cum Ro-
gerio , cujus opinio scribitur in leg. Me-
la ; videlicet , quòd omnes tales sunt servitutes personales , & pro ipsis potest
agi confessoria . . . . Nec obstat L. ut
pomum ; quia quando ibi dicitur , non
est servitus , verum est realis , sed personalis; & hanc sententiam videtur fo-*

c *Joannes Faber ad §. aque num. 2. inst. de
action.*

R

vere gloſſa ff. de ſervit. leg. 1. & hanc amplectitur uſus cauſarum , & totâ die formantur libelli in confeßoria pro uſibus paſcuorum , & expletis foreſta-rum , item & pro talliis hominum , & breviter pro omni jure incorporali , &c.

C'eſt ſur ce fondement, que [*d*] dans le 13. ſiécle on commença d'uſer des Rentes conſtituées à prix d'argent ; on ne doutoit pas qu'un propriétaire en aliénant ſon fonds ne pût lé-

d Innocent IV. qui vivoit en 1243. eſt de tous nos Auteurs un des premiers qui a parlé des rentes conſtituées à prix d'argent, ſur le ch. *in civitate* 5. *ext. de uſuris. num.* 2. Et Beaumanoir qui a compoſé ſon livre de pratique en 1283. écrit poſitivement que de ſon temps elles eſtoient en uſage en France, ch. 50. p. 270. fig. 18. & 16. d'où il s'enſuit que M. Julien Brodeau s'eſt trompé ſur l'art. 94. de la Coûtume de Paris, n. 3. quand il a avancé que les Conſtitutions de rente ont eu cours premierement en Allemagne, parce que les deux Extravagantes , *Regimini*, ſont adreſſées à des Evêques de ce païs.

V. Loiſel, dans ſes obſ. pag. 129.

D'AMORTISSEMENT. 195
gitimement le charger d'une
Rente ou d'un Cens, pour parler comme les Canoniftes ; parce qu'il fe réfervoit un revenu
fur une chofe qui produifoit des
fruits : mais on agita la queftion
de fçavoir, Si un propriétaire
ne pouvoit point vendre un pareil revenu, foit en bled ou en
vin fur fon fonds fans l'aliener,
& fans ceffer d'en joüir ; car
au commencement la plus part
des Rentes conftituées à prix
d'argent, eftoient payées en
fruits, [e] ce qui fut corrigé
en France par [f] l'Ordonnance

e Innocent IV. *ad cap. in civitate 5. n. 2. ext. de ufuris Cavg. in gloff. in V. firma.*

f Cette Ordonnance eft rapportée par Neron.

V. Brodeau fur M. Loüet, Lettre R. Sommaire 12. La Coût. de Peronne, art. 215.

Loifel, dans fes inftit. Coût. l 4. tit. 1. regle 6. La Coût. du Loudunois, tit. 36. Comme on doit bailler rente par affiette, &c. Et M. du Cange dans fon Gloff. fur le mot *firma.* & l'art. 7. des Inftructions Françoifes imprimées cy-aprés.

R ij

de Charles IX. de l'année 1565.
au mois de Mars.

Et ceux qui étoient de l'avis d'Azon, difoient qu'un tel Contrat étoit frauduleux & ufuraire ; qu'il y paroiffoit une Vente, mais qu'à le bien prendre il n'y avoit rien de vendu ; parce que celui qui conftituoit le Cens ou la Rente, n'en chargeoit point fon heritage, & ne s'obligeoit que perfonnellement à la payer : De forte que felon eux la Vente n'étoit en ce cas qu'un titre fpecieux, par lequel celui qui empruntoit de l'argent, s'obligeoit d'en payer l'intereft.

Au contraire ceux qui fuivoient l'opinion de Roger, foûtenoient qu'un propriétaire étoit en droit de vendre une fervitude fur fon fonds ; & que le Cens ou la Rente, *quamvis* [*g*] *in dando, non in patiendo confiftat*, étoit

f. Vid. leg. 15. in fin. ff. de fervit.

une espéce de servitude, [*h*]
aussi-bien que le Fief, [*i*] qui
ne consiste qu'en de certains devoirs, & de certains services
que le vassal est obligé de rendre à son Seigneur ; & comme
ce dernier sentiment avoit prévalu dans les tribunaux, au rapport de Faber, il fut enfin con-
firmé par les Papes [*k*] Martin
V. & Calixte III. [*l*] qui dé-
clarérent ces achats de rentes
légitimes, & avec raison : car
suivant ces principes l'achat &
la vente se rencontroient tellement dans le Contrat de constitution de rente, qui devoit toûjours être assignée sur un héri-

*h Vid. Dyon Pont.
in Consf. Blesensf. art. 68.
tom. 1. p. 268. 269.
   i Vid. Glossf. ad leg.
si cujus 13. in princip.
in verb. oportet ff. de
usufr. Lucam de Pen-
na ad leg. coloni. In quibus causis, coloni. l. 11.*

*num. 2. & 3. & Mo-
lin in Consf. Parisiensf.
§. 1. Glossf. 5. num. 1.
& 2.*

*k Vid. cap. 2. de
empt. & vend. in extr.
comm.*

*l Vid. cap 2. eod.
tit.*

R iij

tage certain, que le Vendeur n'y étoit obligé que comme poſ-ſeſſeur de l'héritage ; & que l'héritage même étoit réputé vendu à proportion de ce qu'il étoit diminué ou chargé ; c'eſt-à-dire que ſi la rente, qui étoit aſſignée deſſus, étoit de la moi-tié des fruits, la moitié de l'hé-ritage étoit cenſée venduë. [m]

Et delà vient que par les an-ciennes Coûtumes de Bourges & de Berry, [n] les Rentes conſtituées à prix d'argent, & venduës & aſſignées ſur un Fief étoient ſujettes au Retrait feo-dal, ou au Retrait cenſuel ſi elles avoient été venduës & aſ-ſignées ſur un héritage tenu en Cenſive ; comme ſi l'héritage en Cenſive, & le Fief même avoient été vendus.

m Vid. Corbulum de jure Emphyteutico, cap. 14. ampliation. 49. p. 277. 278. &c.

n Anc. Coût. de Berry publiées par M. de la Thaumaſſ. c.138. pag. 191.

Item, [o] *se il advenoit que Aulcun vendiſt rente ſur aulcun heritaige, lequel feuſt en fief, ou en cenſif d'aultruy, vray eſt que le Maiſtre du Fief ou du Cens pourra retraire ladite rente ainſi venduë en ſon dit Fief ou Cens, ſitouſt qu'il viendra à ſa notice. Mais ſe la choſe ainſi venuë à la notice dudit maiſtre, & il ne voullit retraire dedans l'an & le jour, que l'on pourroit montrer qu'il l'auroit ſçeu, de raiſon il n'y ſeroit pas puis receu.*

Delà vient que par la Coûtume de Montfort l'Amaulry [p] elles ſont ſujettes au Retrait lignager, ſuivant l'ancien uſage de la France, rapporté par Meſſire Jean des Mares, dans ſes déciſions.

Item, [q] *que ſe aucun vend rente perpétuelle, en & ſur les heritages & poſſeſſions de ſon propre, com-*

o Art. 138.
p Coût. de Mont-
fort, art. 159.

q des Mares, déciſ.
284. Coût. notoires,
art. 89.

R iiij

bien que iceux heritages & poſſeſſions ił
ne vende mie ; toutesfois telle vente eſt,
& doit eſtre tenuë, & réputée, &
cenſée vente, & alienacion de l'heritage, puiſque l'heritage eſt chargié à
toûjours, & par exprés de la rente
venduë : & y chiet retrait, & la puet
retraire, & avoir par voye & à cauſe de retrait, l'un des amis charneulx
du vendeur, du couſté, & ligne dont
leſdits heritages ſont venus : mais que
icely retrayant faſſe adjourner l'acha-
teur, ou les ayans cauſe de luy deument
& ſouffiſament, dedans le temps introduit en tel cas, c'eſt à ſavoir dedans l'an, & le jour de la ſaiſine &
deſſaiſine, ſe eſt chouſe en cenſive, &
ſe ce eſt chouſe feodal, dedans l'an, &
le jour de la foy, ou ſouffrance, en rem-
plant toutes voyes la bource du principal,
& de loyaulx couſtemens, &c.

Delà vient que par la Coûtume d'Anjou, [r] & par celle
du Maine [ſ] le dernier Ac-

r Anjou, art. 476. | ſ Maine, art. 481.

quereur d'une rente , s'il en a
eû possession, & s'il en a été pai-
sible possesseur pendant cinq années, est préferé aux premiers
Acquereurs , qui n'ont eu possession de leur rente qu'aprés sa
préference acquise , en les in-
terruptant dans les cinq années
du tennement. D'où il faut tirer l'interprétation des articles
1. & 2. du chap. 22. de la Coûtume du Loudunois , & de l'article 5. du chapitre 12. [t] que
Le Proust n'a point entendu ; &
l'intelligence des Coûtumes ,
[u] où les Rentes, qui ne font
point ensaisinées, ou infeodées,
font réputées Dettes mobiliai-
res , par rapport à celles qui
font infeodées ou ensaisinées.

Delà vient que par la Coûtume de Berry l'Acquereur d'u-
ne Rente constituée à prix d'ar-

t Sur le mot Rente   u Senlis , art. 202
ou autre devoir, &c.   &c.

gent, & affignée fur un Fief, eft obligé d'en faire foy & hommage, comme s'il avoit acquis une partie du Fief même ; & que par la Coûtume de Blois une telle rente, quand l'Acquereur en eft entré en foy, eft cenfée feodale, & fe partage comme Fief entre fes heritiers, & qu'elle fe partage comme Roturiere, fi l'Acquereur eft décedé fans en avoir fait la foy.

Berry, *l'Acquereur* [x] *d'aucune rente conftituée à prix d'argent, ou autrement, ou autre charge réelle fur le Fief, eft tenu en porter la foy & hommage au Seigneur feodal, & payer les Droits de Rachat, tout ainfi comme s'il avoit acquis partie du Fief.*

Blois , *Rente* [y] *conftituée fur*

---

x Berry, tit. 5. art. 5. Cet article & l'art de la Coût. de Blois doivent auffi fervir pour l'interprétation de l'article 101. de la Coût. de Senlis, & des autres Coût. qui ont de femblables difpofitiõs.
y Blois, art. 69. & *ibi Pontanus*, p. 168. 169.

un heritage feodal, n'est point censee feodale, jusques à ce que l'Acquereur en soit entré en foy & hommage. Et si avant ce faire ledit Acquereur decede, ladite Rente se partira entre ses heritiers comme Roturiere.

Delà vient enfin que quand ces Rentes étoient venduës & assignées sur des heritages en Roture, il en falloit prendre [z] saisine, & en payer au Seigneur foncier les Lods & Ventes, comme si une partie de l'heritage avoit été aliénée.

L'ancienne Coûtume de Paris ;
Quand [a] *aucune personne vend ou constituë Rente sur son heritage, l'Acheteur d'icelle rente doit les Ventes au Seigneur censier, ou foncier, dont est tenu & mouvant l'heritage sur lequel ledit Vendeur constituë ladite Rente. (Item) Quand aucune*

z des Mares, décis. 60. &c. Blois, art. 115.
221. 223. Dunois, art. 41. 42.
a Articles 58. 59.

Rente conſtituée nommément ſur un heritage tenu en Cenſive eſt rachetée, le Rachetant eſt tenu payer aux Seigneurs Cenſiers ou Fonciers, dont eſt tenu & mouvant ledit heritage, les Ventes dudit Rachat. (Item) Quand on vend, ou conſtituë Rente ſur un heritage, lequel on oblige nommément & ſpecialement à icelle Rente, & genéralement tous les autres biens & heritages; au Seigneur Cenſier ou Foncier, dont eſt tenu & mouvant en Cenſive ledit heritage, nommément & ſpecialementobligé à ladite Rente, appartiennent tous les droits de Vente & ſaiſine de ladite Rente.

Or ſi les Rentes conſtituées à prix d'argent affectoient tellement les fonds, ſur leſquels elles étoient aſſignées, que les fonds mêmes étoient réputez vendus à proportion de ce qu'ils étoient chargez : il faut neceſſairement conclure que l'indemnité étoit dûë aux Seigneurs Feodaux & Cenſiers pour ces Rentes, quand

elles étoient acquises & posse-
dées par des gens de main-morte ; parce que les Eglises , & les
Corps, ou les Communautez n'a-
liénant presque jamais , les Seigneurs perdoient leurs droits de
Rachat, & de Lods & Ventes.

*Si gens d'Eglise, Frairies, Communau-
tez, ou autres main-mortes,* ce sont les
termes de la Coûtume du [b] Loudunois, *acquiérent, ou leur est donné
aucun heritage,* [c] Rente, *ou domaine,*

b Tit. 10. d'Immu-
nité & d'Injonction ,
art. 1. & 2.

c Dans la Touraine,
avant que la Coût. eût
été réformée en 1559.
& qu'on y eût ajoûté
les art. 123. 124. on
payoit aux Seigneurs
feodaux & censiers les
droits de Rachat, & de
Lods & Ventes , pour
les Rentes constituées
à prix d'argent, & as-
signées sur des Fiefs, &
sur des héritages en
Roture. D'où il s'en-
suit qu'on en usoit ain-
si dans le Lodunois ,
dont la Coût. rédigée
en 1518. est toute con-
forme à l'ancienne
Coût. de Touraine ; &
par consequent ces
deux articles doivent
autant être entendus
des Rentes constituées
à prix d'argent , que
des Rentes foncieres ,
& de celles qui sont
constituées par dons &
legs. Joignez l'article
475. de la Coût. d'An-
jou , 481. de la Coût.

le Seigneur du Fief duquel font lefdites chofes, & n'eût-il que baffe juftice, les pourra faire convenir à fa Court, ou à la Court de fon Suzerain, fi bon luy femble, pour leur faire injonction de mettre hors de leurs mains dedans l'an & jour aprés ladite injonction, tous les acquefts, dons, & legs, qui leur ont été faits depuis quarante ans précédens ladite injonction, & leur peut la Court faire indire & déclarer qu'en cas de deffaut d'obeïr à ladite injonction, le Seigneur levera à fon profit les fruits defdits acquefts, dons, & legs, jufques à ce qu'ils ayent obey. Et l'an & le jour paffez s'ils n'ont obey à ladite injonction, ledit Seigneur levera les fruits defdites chofes à fon profit, jufqu'à ce qu'ils ayent obey, comme deffus. Et fi la Rente ou domaine au temps de l'injonction

du Maine, les articles 1. & 2. du ch. 22. de la Coût. du Loudunois. L'ancien Stile du Parlement, part. 7. article 84. M. le Maître dans fon Traité des Amortiffemens, chap. 2. vers la fin, & l'art. 8. de l'Ordonn. Latine de Philippe le Bel, imprimée cy-aprés.

appartenoit à l'Eglise, ou autres main-
mortes, quarante ans auparavant : ledit Seigneur ne peut faire ladite injonction ; mais il contraindra les deſſuſdits
à luy payer profit d'indemnité, pour une
fois ou rente par chacun an. Et s'entend
ladite indemnité qu'il aura la cinquiéme
partie des deniers de l'acqueſt, ou la cinquiéme partie de la valeur des choſes ac-
quiſes où il n'y a eû deniers baillez, ou
la cinquiéme partie du revenu de l'heritage ou Rente à perpetuité, ou levera
le revenu dudit heritage cinq ans pour
ladite indemnité, au choix dudit Seigneur de Fief.

Et comme les Seigneurs ne
pouvoient point recevoir cette
indemnité ſans diminuer leurs
profits feodaux ; & par conſe-
quent, ſans abreger leurs Fiefs;
& nul abregement de Fief ne
pouvant être fait en France ſans
le conſentement du Roy, & ſans
luy payer finance, ainſi qu'il a
été prouvé cy-deſſus : il eſt évi-

dent que quand les Ecclesiastiques & les autres gens de main-
morte possedoient des Rentes
constituées à prix d'argent, ils
en devoient payer au Roi le droit
d'Amortissement ; & c'est par
cette raison que dans les anciens
Mémoires publiés par Bacquet,
[d] ils sont taxez pour ces Rentes.

*Item, Et pour les Rentes & posses-
sions, que gens d'Eglise ont acquis à titre d'achat ou d'échange, réservé aux
vendeurs, ou autres personnes les usu-
fruits desdits acquests à certain temps,
ou à vie d'homme, sera payé, quand ladite possession viendra ausdites gens d'E-
glise les fruits de six années.*

Si les gens de main-morte ne
sont plus taxez pour ces Rentes,

---

d   A la fin de son Traité du droit d'A-mortissement, p. 146. colomn. 1. de l'édition de 1658. à Lyon.

V. l'Ordonnance de Philippe le Bel, im-primée cy-aprés, art. 8.

ce n'est

ce n'eſt donc que parce que nos Rois ne veulent point uſer à la rigueur de leurs droits ; car quoy-qu'elles ſoient toutes rachetables depuis l'Edit [e] de François I. de l'an 1539. quoy qu'elles ſe conſtituent aujourd'hui ſur l'obligation perſonnelle du Debiteur ou du Vendeur, & ſur l'hypotheque ſpeciale & générale de ſes biens ; & que les Coûtumes nouvellement réformées ayent décidé qu'on n'entreroit plus en foy pour ces Rentes, qu'on n'en payeroit plus aux Seigneurs les Droits de Rachat, de Lods & de Ventes ; & que quand les fonds, qu'on y auroit obligez, ſeroient vendus, elles ſeroient réputées faire partie [ƒ] du prix.

A l'égard de l'Edit de 1539.

e Confer. des Ordonnances, liv. 4. tit. 7. §. 25. tom. 1. p. 632.

ƒ Coût. de Touraine, art. 123.

S

avant qu'il eût été fait, comme tous ces Droits étoient dûs aux Seigneurs pour les Rentes constituées à prix d'argent, quoy qu'on eût stipulé qu'elles seroient [g] rachetables, il est évident que les gens de main-morte ne peuvent point s'en prévaloir : & quant aux dispositions des Coûtumes nouvellement réformées, c'est un changement que les peuples, qui sont les auteurs & les réformateurs de leurs Coûtumes, ont bien pû faire entre eux, & un nouveau droit qu'ils ont pû établir pour leur commodité ; mais sans préjudicier [h] au Roy, parce que des su-

g V. les art. de l'antienne Coût de Paris, rapportés par du Moulin, dans son Comment sur la Coûtume de Paris §. 83. 84. Gloss. 1. n. 4. Blois, art. 115. avec la protestation suivante. Dunois, article 41. 42. & du Moulin, sur les art. 2. 3. marquez cy-dessus. Gloss. 1. n. 2.

g Loiseau, dans son Traité des Seigneuries, ch. 4. n. 59.

jets ne peuvent rien ſtatuer au préjudice de leur Souverain, ni diminuer les Droits de ſa Couronne, en changeant la nature des Contrats, & en renverſant un uſage établi depuis pluſieurs ſiécles.

C'eſt ſur ce fondement que les Rentes conſtituées par dons & legs, quoique rachetables, ſont ſujettes au droit d'Amortiſſement, en quoy elles ſont de pire condition que les Rentes conſtituées à prix d'argent, quoy - qu'anciennement on ait toûjours taxé les gens d'Egliſe à une plus groſſe finance [i] pour les biens qu'ils avoient acquis à titre d'achat, parce que leur épargne eſt illicite, que pour les Dons & Legs qui leur avoient été faits, parce que ces Dons ſont toûjours chargez de

i Voyez les Ordon-nances de Philippe 3. & de Philippe 4. imprimées cy-deſſus.

Services & d'Annuels. Il s'ensuit donc delà qu'ils peuvent
aussi être justement taxez pour
leurs Rentes constituées à prix
d'argent, aux conditions de
l'Arrest du Conseil d'Etat du
11. du mois de Juillet de l'année
1690. qui ordonne, qu'*en cas que
les Rentes foncieres ou constituées par
Dons, & Legs, pour lesquels les Droits
d'Amortissement auront été payez,
soient rachetées aux gens de main-
morte, les heritages ou autres biens qu'ils
pourront acquerir des deniers provenans
dudit rachat, seront & demeureront
admortis sans nouvelle finance.*

ANCIENNES

ANCIENNES

ORDONNANCES.

LITTERA, [*] QUA REX

Philippus conceſſit omni-
bus Eccleſiis Regni, con-
queſtus in Feodis & Retro-
feodis, Cenſivis, & Allo-
diis factos; quibuſcumque
temporibus retroactis, uſque ad diem præſentem,
Datæ Litterarum, tenere
& pacificè poſſidere.

*V*NIVERSIS *Litteras inſpecturis
Officialis Pariſienſis, Salutem in
Domino. Notum facimus, nos vidiſſe,
& diligenter inſpexiſſe de verbo ad
verbum Litteras inclytæ recordationis
Domini LVDOVICI, quondam Franciæ & Navarræ Regis, ejuſdem Si-*

a Chartulaire de ſaint Magloire.

gillo in cerâ viridi, cum filo de serico viridi, & rubeo, ut primâ facie apparebat sigillatas, sanas & integras, & ab omni suspicione carentes in hac verba.

LVDOVICVS [b] *Dei gratiâ Franc. Rex, dilecto & Fideli nostro Episcopo Parisiensi, salutem & dilectionem. Notum facimus Universis nos vidisse Litteras Sigillo inclytæ recordationis carissimi Domini Genitoris nostri sigillatas, tenorem qui de verbo ad verbum hic sequitur continentes.*

PHILIPPVS, [c] *Dei gratiâ Franc. Rex, dilecto & fideli nostro Episcopo Parisiensi, salutem, & dilectionem. Quia Flamingorum rebellium nostrorum nefanda perversitas, magis ac magis quotidiè invalescens, ad subversionem, destructionem, & excidium*

b Hutinus, qui Regnum ingressus est anno 1315.

c Pulscher dictus, qui Regnum adiit anno 1285. *Vide Spicileg.* *Acherian. tom.* 13. *pag.* 347. 354. & *Cange in glossar Vide decimale Subsidium tom.* 2. *colomn.* 23. 24. &c.

Regni nostri asperius solito, suos malignitatis conatus exponit, adeò quòd nuper ipsi ad civitatem Morinensem, [d] & nonnullas alias villas, & loca Morinen. Attrebaten. & Tornacen. Diæcesium cum multitudine satellitum hostiliter accedentes, Beatæ Mariæ Morinensis, & aliarum Villarum, & locorum prædictorum, Ecclesias ipsius Virginis, & aliorum Sanctorum imagines eximentes, in eis ipsorum reverentiâ penitùs retrojectâ, & divino timore postposito, nefandis ausibus, & temeritate sacrilegâ ignis incendio concremarunt; ac civitatem, Villas, & loca prædicta per depopulationes, & cædes, depositâ omnis humanitatis mansuetudine totaliter destruxerunt, nec Deo, nec homini, nec personæ, nec dignitati aliquatenùs deferentes, nec sexui, nec ætati parcentes : Nos ad defensionem

d *Therouanne* urbs olim Episcopalis sub Archiepiscopo Remensi, & quæ fùnditùs deleta fuit jussu Caroli V. Imperatoris.

necessariam dicti Regni , Ecclesia-
sticarum personarum , ac prædictorum
rebellium conterendam superbiam , ac
ulciscendos excessus , & aliter com-
pescendos , totis , ut condecet studiis
intendentes : nosque cum Baronibus ,
& fidelibus aliis nostris , & ingenti
sicut res exigit gentis armigeræ comi-
tativa ad partes illas propter hoc per-
sonaliter conferentes ; quia pro negotio
deffensionis hujusmodi importabilia su-
bire continuè nos oportet onera , & ex-
pensas ; dilectos & fideles nostros Ar-
chiepiscopos , & Episcopos Regni præ-
dicti , ad nostram præsentiam propter
hoc specialiter evocatos requiri fecimus ,
ut nobis in subsidium hujusmodi ex-
pensarum , decimam nobis olim cum
dimidiâ decimâ , ab iis & aliis Præla-
tis sub certâ formâ , pro dicti Regni
defensione concessa præsentialiter ex-
hiberent, prædictâ mediâ decimâ aliàs
congruo tempore persolvenda. Ipsi ve-
rò necessitates , & onera quæ incum-
bunt , debitis considerationibus atten-

dentes tàm prædictis neceſſitatibus, quàm pro gratiis infrà ſcriptis, requiſitionibus noſtris in hac parte liberaliter aſſenſerunt. Nos autem eorum devotionem gratuitam, & gratitudinem liberalem volentes gratâ recognitione reſpicere, ad eorum ſupplicationem, tàm ſibi, quàm aliis Prælatis, Abbatibus, Prioribus, Eccleſiis, Capitulis, Conventibus, Collegiis, & aliis perſonis Eccleſiaſticis, regularibus, & ſæcularibus dicti Regni, de ſpeciali gratiâ duximus concedendum, quòd omnes conqueſtus, per eos in Feodis, & Retrofeodis, Cenſivis, & Allodiis noſtris, factos, quibuſcumque temporibus retroactis uſque ad præſentem diem datæ Litterarum, tenere & pacificè perpetuò poſſidere valeant, abſque coactione vendendi, vel extrà manum ſuam ponendi, aut præſtandi financias, pro eiſdem ſibi per nos, vel Succeſſores noſtros in poſterum faciendum, quòd tàm ipſi, quàm alii Præ-

A iij

lati , & personæ Ecclesiasticæ , qui
prædictam decimam solverint , in
præsente de veniendo vel mittendo hac
vice in nostrum Flandrensem exercitum , [e] , vel finando , au præstando subventionem aliam , excusati penitùs & immunes nihilominùs ha-
beantur. Quo circà dilectionem vestram requirimus , & rogamus , qua-
tenùs prædictas necessitates , & onera
attendentes , & quòd in eo casu causa nostra , Ecclesiarum & personarum
Ecclesiasticarum dicti Regni , singulariter omnium , & generaliter fin-
gulorum agi dignoscitur , & proprium
cujuslibet prosequitur interesse ; nobis
in tantæ necessitatis urgentiâ , prædictam decimam in præsenti solvere ,
& exhibere curetis , & ab Abbatibus , Prioribus , Ecclesiis , Capitulis ,
Conventibus , Collegiis , & aliis personis Ecclesiasticis , regularibus , &
sæcularibus Civitatis , & Diœcesis

e Vide partem septi. | 61. & tom. I. capi-
mam Parlamenti cap. | tular. Baluz. page 589.

Parisiensis faciatis personaliter exhibe-
ri, eamque per illos, per quos aliàs,
necnon juxta formam , & taxatio-
nem , quibus aliàs colligi consuevit,
fideliter colligi , & Thesaurario Pa-
risiensi, cum omnimodæ accelerationis
instantia apportari. Damus autem Bail-
livis , & aliis Justiciariis nostris ,
quibuslibet præsentibus in mandatis ,
ut personas prædictas ad solutionem
hujusmodi decimæ, si opus fuerit, ad
vestram requisitionem compellant, &
quod inde receperint , vobis integrè
liberent, & assignent patentes Litte-
ras nostro munitas Sigillo , receptu-
ri, quid, quantùm, & quando vobis
tradiderint continentes; eisdemque Bail-
livis, & Justiciariis mandamus ni-
hilominùs , ut si quæ de personis Ec-
clesiasticis prædictis in solutione hu-
jusmodi decimæ, rebelles, quod absit,
extiterint , circà hoc totaliter de
remediis opportunis provideant , ne in
tantæ necessitatis articulo , ob defec-
tum subsidii, Regnum nostrum rema-

A iiij

neat indefensum. Actum apud Lon-
gum Campum, die Mercurii post As-
sumptionem Beatæ Mariæ Virginis
anno Domini 1303. [f]

Nos autem prædicta omnia, & singula in superscriptis contenta Litteris
rata habentes, & grata, ea volumus,
laudamus, ratificamus, renovamus,
approbamus, ac tenore præsentium au-
toritate Regiâ, ex certâ scientiâ confirmamus; quod ut certum, & stabile
permaneat in futurum, præsentibus
Litteris nostrum fecimus apponi Sigillum. Actum apud Vicennas anno Domini 1315. mense Decembri.

Quod autem Vidimus, hoc testamur,
in cujus visionis testimonium, Sigillum Curiæ Parisiensis præsentibus Litteris duximus apponendum. Datum anno Domini 1313. post Dominicam,
quâ cantatur. Judica me.

f 1304.

C'EST LE TRANSCRIT

des Lettres, [g] que le Roi Philippe, dont Diex ait l'ame donna as Eglises l'an 1304. ou mois de Juing de certains Priviléges, pour leurs acquez, autrement si comme il s'ensuit, pour une disme que les dites Eglises li donnérent.

Lᴠᴅᴏᴠɪᴄᴠꜱ, [h] Dei gratiâ Francorum, & Navarræ Rex, notum facimus Universis, tàm præsentibus, quàm futuris, Nos infrà scriptas Litteras Sigillo inclytæ recordationis charissimi Domini, & Genitoris nostri vidisse sigillatas, formam

g Dans un Manuscrit que j'ai vû ces Lettres sont adressées à l'Evêque de Paris, & dans un autre à celui de Mende.

h Hutinus Philippi pulchri filius,

quæ sequitur continentes.

Philippus [i] Dei gratiâ Francorum Rex : Notum facimus Universis, tàm præsentibus, quàm futuris, quòd Nos per cognitam liberalitatem nobis in parte Episcopi Parisiensis dilecti, & fidelis nostri, suo, & personarum Ecclesiasticarum Parisiensis Civitatis, & Diæcesis nomine faciendam, pro præsente nostri Flandrensis exercitus subsidio, ad deffensionem Regni nostri gratam, & acceptam habentes, gratiosius tenore præsentium ipsis duximus concedendum.

I.

Primò quòd nos in instanti Festo omnium Sanctorum, faciemus cudi, & fabricari Monetas, valoris, legis, & ponderis, quorum erant, quæ tempore Beati Ludovici, quondam Regis Francorum, Proavi nostri, currebant & intra dictum Festum, & subsequens Festum Resurrectionis Domini-

i Vide Stilum Parla-] de Privilegiis.
men. part. 3. tit. 45.]

cæ faciemus paulatim cursum mi-
nui Monetarum , quæ in Monetagiis
nostris cuduntur ad præsens , prout
consultiùs fuerit faciendum. Ita quòd
in dicto Festo Resurrectionis Domini-
cæ , vel circà prædictas novas monetas habere faciemus cursum suum.

II.

Item quòd omnia conquæsta ab ipsis
suarum Ecclesiarum nomine , à tempore retroacto , usque ad tempus concessionis hujus , in Feodis , & Retrofeodis nostris, aut Subditorum nostrorum in quantùm ad nos spectat tenere
possent perpetuò, absque coactione vendendi , vel extrà manum suam ponendi , aut financias præstandi nobis pro eisdem.

III.

Item , quòd similiter possessiones,
quas pro Ecclesiis , & Cæmeteriis
Ecclesiarum Parochialium fundandis
de novo vel ampliandis , intrà , vel extrà Villas , non ad superfluitatem , sed
ad convenientem necessitatem acquiri

continget , vel jam ſunt acquiſitæ,
de cætero apud Eccleſias perpetuò re-
maneant abſque coactione vendendi ,
vel extrà manum ſuam ponendi , aut
præſtandi financiam pro eiſdem. Et
quòd poſſeſſionum hujuſmodi poſſeſſores
ad eas pro juſto pretio dimittendas poſ-
ſint mediante juſtitiâ coarctari. [k]

IV.

Item quòd bona mobilia Eccleſiaſti-
carum perſonarum , & Clericorum
clericaliter viventium non capientur ,
aut juſtitiabuntur in aliquo caſu per
juſtitiam ſecularem.

V.

Item quòd advocationes,& recogni-
tiones novæ , quæ ab Eccleſiarum ſub-
ditis fiunt nullatenùs admittantur , &
factas de novo faciemus penitùs revo-
cari.

VI.

Item quòd prætextu Guardiæ anti-
quæ in perſonis Eccleſiaſticis non im-

k *Vide Stilum Par-* | 4 5. *de Privilegiis.* §.
lamenti part. 3. *tit.* | 17.

pedietur Ecclesiastica , vel temporalis
Jurisdictio Prælatorum.

VII.

Item quòd Baillivi nostri teneantur
jurare , quod mandata sibi facta , &
facienda , per Litteras nostras pro
Ecclesiis , & personis Ecclesiasticis ,
absque difficultate fideliter exequan-
tur.

VIII.

Item quòd non impedientur , aut inquietabuntur Ecclesiæ super possessionibus , seu reditibus emptis , vel
emendis , in Feodis & Retrofeodis ,
aut Censivis suis , in quibus omnimodam , altam , & bassam habent Justitiam , quin possessiones , & reditus
taliter acquisitos perpetuò tenere valeant , absque coactione vendendi , aut extrà manum suam ponendi, aut nobis præstandi financias pro eisdem.

IX.

Item quòd tollantur gravamina eis
per gentes nostras illata , ac nostra

jam conceſſa ſtatuta ſerventur, & ea Baillivi noſtri jurare tenebuntur ſe firmiter ſervaturos.

X.

Item, quòd ſi Decimam, vel aliud onus ad opus noſtrum per Romanam Eccleſiam Prælatis prædictis, & aliis perſonis Eccleſiaſticis, durantibus terminis ſolutionem Decimarum nobis conceſſarum, vel concedendarum ab eiſdem ut præmittitur imponi contingat, vel jam impoſitam exiſtat; Decimarum ipſarum, & Decimæ, ſeu alterius oneris per dictam Romanam Eccleſiam concedendarum, vel conceſſarum ſolutionum termini non concurrant. Similiter nec illi, qui nobis debent exercitum tenebuntur ad eumdem, vel mittendum, ſeu ſe redimendum pro exercitu præſenti.

X I.

Item quòd non eſt intentionis, nec volumus, quòd prætextu exactionum quarumlibet in terris dictorum Prælatorum ex parte noſtrâ, pro neceſſitate

guerrarum factarum, & personis sub-
ditis, vel justitiabilibus, sibi de con-
suetudine, vel de jure eis Ecclesiasticis, vel personis aliquod generetur
præjudicium, vel novum jus nobis
propter hoc acquiratur; sed in eisdem
libertatibus, & franchisiis, in quibus erant ante guerras incœptas legitimè [1] perseverent.

XII.

Item quòd ad opus garnisionum nostrarum bona ipsorum aut subditorum suorum eis invitis nullatenùs capientur.

XIII.

Item quòd impedimenta, & gravi-
mina quæ in Feodis Prælatorum po-
nuntur, amoveri debitè faciemus.

XIV.

Item, quòd nihil occasione novæ [m]
Subventionis concessæ, levabitur ab hominibus Ecclesiarum de corpore, seu
manu mortuâ, de alto, & basso

l Liberrimè. | ter nobis concessæ.
m Subventionis novi. |

[*n*] *ad voluntatem tailliabilibus ; & si aliquid ab eis hoc anno pro Subventione exercitus præsentis sit, levatum, vel levari contingat, id Ecclesiis hujusmodi de præstando ab eis subsidio deducetur.*

XV.

Item, quòd Subsidium illud juxta concessionis ipsius tenorem, per dictos Prælatos, seu authoritate ipsorum levabitur, nobis, seu gentibus nostris ad hoc deputatis instantibus quàm citiùs assignandum. Et insuper, quòd pro gravaminibus sibi aut Ecclesiis suis, vel personis Ecclesiasticis illatis corrigendis de quibus liquebit, Auditores non suspectos eisdem cum requisiti fuerimus, concedemus, qui vice nostra celeris complementum justitiæ super hoc promptè, & fideliter exhibebunt. In cujus rei testimonium Præsentibus Litteris nostrum fecimus apponi Sigillum. Actum Parisiis die 15. *mensis Junii*

n Vide Consf Ducat. 18. & ibi Chassan. Burgund. tit. 9. art.

annu

anno Domini 1304.

Nos autem præmissa omnia, & singula prout suprascriptis Litteris sunt expressa, rata habentes ea volumus, laudamus, approbamus, & tenore præsentium ex certâ scientiâ, authoritate regiâ confirmamus, quòd ut firmum & stabile permaneat in futurum, Sigillum nostrum præsentibus Litteris duximus apponendum. Actum apud Vinc. Anno Domini 1315. *mense Decembris.*

ORDONNANCE
DE CHARLES LE BEL
de l'an 1326.

CAROLVS Dei gratiâ Francorum & Navarræ Rex, Dilecto, & fideli Vincentio de Oistro Consiliario nostro Commissario à nobis in Bailliviâ Caleten. super financiis Feodarum, & aliorum acquestuum deputato, Salutem & dilectionem. Ecclesia-

B *

rum utilitati & Subjectorum nostro-
rum quieti , Prædecessorum nostrorum
& maximè Beatissimi Ludovici
Proavi nostri inhærendo vesti-
giis, providere volentes, deliberatione
providâ præcedente super dictis finan-
ciis in modum qui sequitur duximus
ordinandum. Videlicet , quòd Eccle-
siæ , & Ecclesiasticæ personæ , pro
rebus & possessionibus quas acquisie-
runt à triginta annis , citra titulo gra-
tuito , æstimationem fructuum duorum
annorum , & pro rebus & possessio-
nibus acquisitis à dicto tempore citra ,
titulo non gratuito , æstimationem fru-
ctuum trium annorum nobis præstare
pro financia tantummodò tenebuntur.
Personæ verò ignobiles pro rebus feo-
dalibus acquisitis per eos in Feodis
vel Retrofeodis nostris , & ita sit quòd
inter nos , & personam quæ aliena-
vit res ipsas , non sint tres vel plures
intermedii Domini, res ipsas teneant ad
servitium minus competens , vel aliter
appareat Feodi deterior conditio facta,

præstare nobis æstimationem fructuum duorum annorum , pro financiâ , & non ulterius compellantur. Si verò res feodalis acquisita , per dictas personas ignobiles facta fuerit censualis, æstimationem fructuum quatuor annorum nobis præstare pro financiâ tenebuntur. Quare mandamus vobis , quatenus super dictis financiis , per hunc modum & non aliter procedatis , proviso tamen , quod præsens ordinatio ad alienationes de quibus sine dilatione sciri poterit manifeste ipsas nobis adeo fore damnosas , & graves , quòd merito tolerari non debeant, nullatenùs se extendat. Datum anno Domini 1 3 2 6.

Scélé d'un Ecu mitoyen de France & de Navarre.

Admortiſſement general octroyé en 1372. par Charles V. au Chapitre de Nôtre-Dame de Paris.

CAROLVS. [o] *Notum faci-mus, &c. Quòd gratias altiſſimo*

o Dans le Manuſcrit que Monſieur Deſmarés m'a bien voulu communiquer, il y a ſur cette Ordonnance la note qui ſuit. (Ledit Admortiſſement ſera trouvé avec pluſieurs autres Admortiſſemens en la Chambre des Comptes, entre les Admortiſſe-mens non expediez en la liace A. étant en un coffre de bois long étant à l'entrée de ladite Chambre pardedans. Item auſſi l'an 1373. le 20. jour d'Ayril le Roi Charles V.

le 7. de ſon Regne donna à Maître Jean de Diſſy , Clerc & Conſeiller de Madame la Comteſſe d'Artois , Chanoine de ſaint Germain de l'Auxerrois , ſes Lettres en cire verte , & las de ſoye, par leſquelles lui donna congié de povoir mettre hors de ſes mains , & tranſporter en perſonne d'Egliſe à la Communauté de l'Egliſe ſaint Germain de l'Auxerrois ou autre part en lieux & perſonnes d'Egliſe , toutefois qu'il lui plairoit, une maison à lui appartenant de son propre heritage apellée *la malle maison*, située à Paris faisant le coing de la ruë aux Commandaresses, & de la ruë de la Vannerie, tenant par derriére en la ruë de ladite Vannerie, à Jean Bellebouche Orfévre, & en l'autre ruë des Commandaresses à Honoré Tubert, en la justice fonciere de saint Eloy, & en la haute Justice du Roi, laquelle maison peut valoir par juste estimation 32 l. de rente par an, laquelle rente le Roi veut par lesdites Lettres être admortie audit College, & Communauté, pour célebrer & dire Messes, Priéres & Oraisons pour les ames des feu Pere & mere dudit Maître Jean, & autres parens, freres, sœurs & bienfaicteurs, lesquelles furent presen-tées, en la Chambre des Comptes & non expediées & retenuës par les Conseillers de ladite Chambre étant en un coffre de bois long, étant en ladite Chambre à l'entrée de la senestre main, & aussi en icelui coffre en a des autres Lettres semblables, plusieurs & sans nombre retenuës comme dessus, & non expediées, par quoy il appert que par vertu de la Lettre du Roy Loüis & de Philippes Le Bel son pere cy-dessus transcrites, les gens d'Eglise, de l'Evêché de Paris, n'ont point tenu leurs possessions immeubles, par eux acquises, comme admorties. Voyez Monsieur le Président Le Maistre dans son Traité des Amortissemens Chapitre 9 & Bacquet dans son Traité des nouveaux acquets, Chapitre 43.

Creatori, qui inter alia beneficia, no-
bis ab ipso divinâ clementiâ multipli-
citer impensa, votivos etiam nostros
successus in procreatione prolis largiri
dignatus est, exhibendo nos in hono-
rem ipsius, atque gloriosissimæ virginis
matris ejus, dilectissimis nostris Deca-
no, & Capitulo, Capellanisque, &
aliis de Collegio Ecclesiæ Parisiensis pro
se, & successoribus suis, in capite, &
in membris, ut pro nobis & prole nos-
tra prædicta nostrarumque, & ante-
cessorum nostrorum animarum remedio,
& salute, perpetuis orare temporibus
teneantur. Authoritate regiâ, de prin-
cipali gratiâ, & ex certâ scientiâ,
concessimus atque concedimus, per præ-
sentes, quòd ipsi, & successores eorum,
in capite, & in membris, universa &
singula per eos aut prædecessores suos,
& quoslibet eorumdem, in feodis, re-
trofeodis, censivis, & retrocensivis,
allodiis, & justitia dictæ Ecclesiæ, &
nostris, ac alibi in quibuscumque regni
nostri partibus acquisita, tam per em-

ptionem quàm per donationem, vel alio
quovis modo temporibus retroactis, ufque ad diem concessionis præsentium litterarum, ex nunc in perpetuum teneant,
habeant & possideant pacificè, & quietè, absque eo quod ipsi, seu aliqui eorumdem, per nos, seu successores nostros, aliàs eorumdem aliquos cogi, vel
compelli possint adquisita hujusmodi,
seu eorum aliquid extrà manus ipsorum ponere, seu nobis, aut successoribus nostris, pro ipsis, vel eorum aliquibus financiam aliquam solvere, quomodolibet successuris temporibus teneantur, non obstante, quod non sint
in præsentibus temporibus declarata ;
quam quidem financiam nos eisdem
ex dictà nostrà gratiâ, regiâ authoritate, tenore præsentium, perpetuò re-
mittimus totaliter, & quitiamus, do-
nis, seu gratiis aliis per nos, aut prædecessores nostros sibi factis non obstan-
tibus quibuscumque: quod ut firmum, &
stabile permaneat, sigillum nostrum,
in testimonium præmissorum, præsen-

tibus litteris duximus apponendum, salvo jure nostro in aliis, & in omnibus, & quocumque alieno. Datum Parisiis mense .... anno Domini 1372. & regni nostri 9°. per Regem.

P. BLANCHET.

Mandatum Regium, [p] anno 1385. factum pro cogendo gentes Ecclesiasticas ad ponendum acquisitiones suas non admortissatas extrà manus suas à quadraginta annis factas, extractum à libro memorialium signato ..... folio 93:

CHARLES, &c. [q] A nos amez feaulx Conseillers,

p Cette Ordonnance, & les instructions suivantes sont tirées d'une compilation de plusieurs anciennes piéces, qui est à la fin de l'ancien Stile manuscrit du Parlement, qui a autrefois appartenu à Monsieur P. Pithou, & qui appartient maintenant à M. Desmarés.

q Charles VI. qui

gens

gens par Nous ordonnez fur la visitation de nôtre Dommaine, falut & dilection. Comme dés pieça plusieurs Commissaires ayent été ordonnez en plusieurs païs de nôtre Royaume fur le fait des Finances & nouveaulx Acquêts des Eglises, & des Fiefs détenus par non-nobles, & en autres choses en dépendant, selon certaines instructions faites par nos prédécesseurs Roys & ayeux, & par nous, les quelles nous avons fait veoir à nôtre Conseil, & visité à bonne diligence, & sur aucuns points & articles, tant pour échever qu'admortissemens par les dits Commissaires, ne autres ne se puissent faire, ne être entendus quant à nous, & ôter & interrompre toute matiere de prescriptions, dont l'en se voudroit efforcer de appliquer ou pré-

commence de regner l'an 1380.

C *

tendre contre nous , par tollé-
rance ou laps de tems, comme
par plufieurs autres caufes y
avons pourvû, & les dites inftructions moderées, declarées,
& interprétees , moderons, déclarons , & interprétons en aucuns points, & articles de cette matiére, en la forme, & maniére qui s'en fuit.

C'eft à fçavoir des chofes, &
des poffeffions, que les gens d'E-
glife de quelque condition qu'ils
foient, Religieux ou autres, ont
acquis en nos Fiefs, & Cenfives, & Arriere-fiefs, ou Arriere-cenfives, en quelque degré,
ou en adveu, [c] foit par titre
de dons , de lais, ou d'aumônes , d'achât, ou déchange, ou
autres quelconques , par quelque maniere, ou condition que
ce foit , fans l'affentement de
nous, ou de nos Prédeceffeurs,

efpécialement depuis le tems de
60 [*d*] ans en ça , foient les
dites gens contrains , & leur fera commandé de les mettre hors
de leurs mains , fans fraude dedans ung an , pendant le quel
par nôtre main , ils en joyront
fans préjudice de nous. Et celui an paffé , s'ils ne les ont mis
hors , les dites chofes demourront , & demourent dés maintenant pour lors en nôtre dite
main , fans ce que les dites gens
d'Eglife en puiffent riens prendre ; mais en feront tous les
fruits , prouffits , revenus , &
émolumens levez , & appliquez
à nous , & à nôtre prouffit fans
déport , tant qu'il nous appere
icelle chofe eftre en verité mi-
fe hors des dites mains d'Eglife , & qu'ils en ayent delivrance de vous. Et femblablement

<hr>

d De 40 ans, cette | ge dans le manufcrit.
correction eft à la mar- |

fera fait des choses depuis 40.
ans acquifes par les dites gens
d'Eglife en *leurs Fiefs , Cenfives ,
ou Justices*. Et en outre pour les
acquêts que icelles gens d'E-
glife ont fait de *rente , revenus
ou autres poffeffions* , par titre de
don , de laiz ou d'aumône , *d'a-
chât ou autrement* , fans l'affentement de nous , ou de nos Pré-
decefeurs depuis ledit tems de
40. ans , les ufufruits à eux
donnez , ou autres , & retenus
ou refervez à tems , ou à vie ,
ou par condition de les rachat-
ter dedans certain tems , l'en
fera aux dites gens d'Eglife
commandement de par nous ,
que dedans l'année fans moyen
aprés le tems paffe de la refervation , ou retenuë de l'ufufruit,
ou du rachat fans plus attten-
dre , ils les mettent hors de leurs
mains , comme deffus , en telle
maniére , que ce il n'eft fait,

la dite année paſſée , les choſes demourront & demeurent
dés maintenant pour lors en
nôtre main, ſans ce que les dites gens d'Egliſe s'en entremettent pour riens exploiter , ne
lever , mais leur ſera deffendu,
& en joyrons , ſi comme il eſt
declaré paravant des autres acquiſitions ; & ce ſera diligemment ouvragé par nos Commiſſaires afin d'en avoir mémoire ,
quand le tems écherra, & vous
ſera rapporté, comme il eſt dit
ou premier article. Et quant aux
Fiefs acquis par non-nobles, &
ou ſeurplus , ſeront gardées
les dites inſtructions. Pourquoi
nous vous mandons , & enjoignons que cette preſente Ordonnance , & modération , interprétation , & Déclaration ,
les quelles nous voulons ſortir
plain effet, vous teniez , & gar-
diez, & faciez tenir, & garder

ou Païs de Languedoil, [e] tant
par les Commissaires sur ce ordonnez , ou à ordonner par
vous , comme tous autres , aux
quels ce peut, ou pourra tou-
cher. Et là ou vous n'aurez
ordonné Commissaires , ou que
vous verrez qu'il sera convenable de oster aucuns qui y seront ,
si y mettiez bonnes personnes
pour les choses dessus dites exé-
cuter au dit païs de Languedoil , & par raportant , ce qui
fait en sera , nonobstant Ordonnances , Mandemens , ou def-
fences contraires : donné à Paris
le 12. de Février l'an de grace
1385. & de nôtre Regne le 6.

e Voyez Dominicy dans son Traité *de Prærogativâ Allodior.* chap. 20. n. 3. page 182 Catel dans ses Comtes de Tolose livre 1. page 3. Scaliger dans ses opuscules fol. 123. Brire-wood dans son Traité de la diversité des Langues pages 337. 338. Pasquier dans ses recherches liv. 1. ch. 13. & l'observation sur l'Ordonnance de Philippe le Long.

'Ainsi signé par le Roi, à la relation de Monseigneur de Bourgogne, presens plusieurs du Conseil, P. Magahac. Ce present Mandement fut donné sur les instructions qui s'en suivent.

Inftructions [f] *Royaux faites fur le fait des Fiefs, & autres chofes nobles acquifes par les non-nobles, & anoblis, & auffi des acquifitions non amorties, faites par gens d'Eglife, Extrait du Livre des Mémoriaux de la Chambre des Comptes à Paris, figné E. és feillets* 19. 20. *&* 36. *& furent faites l'an* 1384. *& furent envoyez au Receveur de Paris le* 6. *de Juillet l'an* 1387.

I.

PREMIEREMENT [g] des rentes, héritages, & poffef-

---

f Ces inftructions furent envoyées au Receveur & au Procureur du Roi du Chaftelet de Paris, comme il paroît par fions quelconques Feodaux, que non-nobles ont acquis, puis quarante ans, en quelque maniére que ce foit, dont n'aura été payé finance és Fiefs tenus neument du Roi, les Achapteurs païeront pour une fois au Roi nôtre Sire les fruits des chofes ainfi acquifes, de trois ans. Et parce l'Acquefteur, & fes hoirs en joyront à toûjours mais, & n'eft pas à entendre, que fi aucun non-noble prend à cens, ou rente aucune chofe d'un noble, qu'il en paye au Roi aucune chofe. Et commencera on à compter le terme de quarante ans depuis le jour des Lettres des acquifitions, ainfi

ce titre, & c'eft pour cela qu'elles fe trouvent dans le Livre rouge du Chaftelet, dont Monfieur Defmarés m'a communiqué une copie.

g L'Ordon. de Charles VI. qui a été raportée cy - deffus, ayant été faite fur ces inftructions, elles doivent être regardées comme une efpece de Loy.

faites, non obstant les procla-
mations, se interruption n'y a
été par main mise és dits Fiefs.

II.

Item pour les rentes, ou possessions feodaux, que non-nobles ont acquis de nobles, en
Arriére-fiefs, ou en Alleux du
Roi nôtre Sire, puis le tems
dessus dit, payeront les fruits de
deux ans.

III.

Item les rentes, ou possessions
feodaux, que non-nobles ont
acquises de nobles és Fiefs, ou
Arriére-fiefs du Roi, & mis
par eux en Franc-alleu, soient
mises, & tenuës en la main du
Roi, pour occasion de la fraude.

IV.

Item pour les rentes, ou possessions feodaux acquises par
non-nobles és Fiefs, ou Arriére-fiefs du Roi nôtre dit Sei-

gneur, fur condition, que les dits Vendeurs les peuvent retraire dedans le tems de trois ans, ou plûtôt, on attendra que le dit terme foit échû, & ou cas que dedans les dits trois ans les chofes ainfi achaptées foient retraictes, les Achapteurs n'en payeront point de finances. Et ou cas que les dits trois ans, ou plus brief terme, s'y il y eft, fera paffé fans être retraicts, tantôt le dit terme, ils feront contraints à payer pleine finance incontinant. C'eft à fçavoir és Fiefs neument tenus du Roi trois années, & és Arriére fiefs deux années.

V.

Item & pour les rentes, ou poffeffions nobles acquifes par non-nobles, fauf & refervé aux dits Vendeurs, ou à autres les ufufruits des chofes venduës, à certain tems, ou à vie, paye-

ront pleine fináce: C'eſt à ſçavoir
preſentement la moitié, & l'autre moitié les uſufruits paſſez:
à ſçavoir és Fiefs tenus du Roi,
trois années; & és Alleux &
Arriére-fiefs, deux années.

VI.

Item pour les rentes, ou poſſeſſions, que non-nobles pren-
nent de nobles, és Fiefs, ou
Arriére-fiefs du Roi, ou en
alleux, à acax ou à certain
temps, ou annuelle penſion, &
n'y a point d'argent baille d'entrée avec le dit cens, ou annuelle penſion, l'en eſtimera
combien l'argent pourroit valoir au pris du Roi de rente annuelle, c'eſt à ſcavoir pour
cent livres dix livres; & en
ce cas les Achapteurs payeront
finance de la rente ainſi eſti-

h Cet article n'eſt
point dans la copie
du Livre rouge du
Chaſtelet, qui ap-
partient à Monſieur
Deſmarés.

mée pour ledit pris d'argent,
c'est à sçavoir és Fiefs tenus
neument du Roi trois années,
& és Arriere-fiefs & és Aleux,
deux années.

VII.

Et est l'intention du Roi, que
des rentes acquises par la maniere dessus dite les quelles sont
en grain, ou en vin, ou en autre chose qui chiet en estimation, ont ne payera mie le plus
grand prix, ne le plus petit,
mais le plus commun prix, que
les choses ont peu valloir, au
regard d'une commune année
de dix [ı] années precedentes.

VIII.

Item quant aux rentes, ou
possessions, franchises, ou libertez, que les Consuls, ou la
Communaute d'une Ville, au-

ı Voyez les instru-　sui nis Feudor. &c. per
ctions suivantes titre　ignobil. acquisir. art. 4.
ı. de Financia acqui- |

ront acquifes pour , & au profit de la Communauté és Fiefs & Arriére-fiefs , ou Cenfives du Roi nôtre Sire, ou en Aleux, commandement leur fera fait , qu'ils en montrent leurs titres, la coppie dés quels par bonne, & vraye collation , foit envoyée en la Chambre par devers lés gens des Comptes , & Treforiers , avec toutes les finguliéres parties dés dites acquifitions par bonne & vraye Déclaration, pour être fur ce ordonné ainfi qu'il appartiendra.

IX.

Item pour lés rentes, ou poffeffions , que gens non-nobles auront acquifes és Fiefs, ou Arriére-Fiefs du Roi nôtre Sire, ou en Aleux, & depuis la dite acquifition les dits non-nobles feront anoblis, payeront comme deffus , s'ils n'ont Lettres de nobilitation, vérifiées, & expe-

diées en la Chambre des Comptes à Paris.

X.

Item pour les rentes que gens
non-nobles auront acquifes en
tiers Fiefs, payeront une année
tant feulement , & de *quart* [K]
Fief , & au deffous néant.

X I.

Et eſt à entendre , que lés
gens non-nobles qui auront acquis comme deffus eſt dit , ne
payeront aucune finance en cas
qu'il y aura trois [l] moyens
francs entre le Roi, & les poſ-
feffeurs. [m]

Ces Inſtructions [n] *deſſus écrites*

---

k Voyez Bouteiller
dans ſa ſomme page
658. ligne 2. livre 2.
titre 1.

l Voyez Bouteiller
au lieu marqué cy-deſ-
ſus.

m Dans le Livre
rouge du Chaſtelet les
inſtructions finiſſent

en cet endroit.

n Cette obſervation
eſt d'une main ancien-
ne , & paroît avoir été
faite par celui qui a
recueilli ces inſtruc-
tions , & les autres
piéces qui ſont im-
primées cy - aprés.

furent de rechief envoyées au Receveur,
& Procureur du Roi ou Chaſtelet de
Paris le 10. jour de Février l'an
1406. par un Mandement de Meſ-
ſieurs des Comptes, ſigné E. Miltrat,
& leur fut mandé, que les dites in-
ſtructions receuës, ils accompliſſent és
mectes de leurs Offices, & auſſi és
Comtez de Mont-fort, & és reſſorts
viels, & nouveaulx & autres Terres
enclavées de la dite Prevôté, & Vi-
comté, & dés dits Comtez, & a ledit
mémoire Jean des Ros Clerc de ſon
Maître Jean le Roi, Avocat [O] Pro-
cureur du Roi au Chaſtelet.

o Anciennement les affaires du Roy, des Princes & des Seigneurs du Royaume, paſſoient par les mains des Avocats, à qui les Princes donnoient la qualité de Chanceliers. Témoins Monſieur Brinon, qui étoit en même-tems ſimple Avocat, & Chancelier d'Alençon. Monſieur Pierre l'Orfèvre, Chancelier d'Orleans. Jean de la Riviere Chancelier du Duc de Bretagne, & Monſieur Nicolas Rauin Chancelier de Bourgogne. Voyez le Dialogue des Avocats, page 45.

XII.

XII.

Item, & au regard des possessions immeubles, que les gens
d'Eglise de quelque condition
qu'ils soient, Religieux, & autres, ont acquis és Fiefs, Censives, Arriére-fiefs, & Arrié-
re-Censives du Roi en quelque
degré, ou en Aleux, soit par
titre de don, de laiz, ou d'aumône, d'achat, echange & autres quelconques par quelque
maniére, ou condition que ce
soit, sans l'assentement, &
Amortissement du Roi nôtre dit
Sire, ou de ses Prédecesseurs
deument passez, verifiez, &
expediez en la Chambre des
Comptes à Paris, depuis 40.
ans en çà, seront prins en la
main dudit Seigneur, & les dites gens contrains, & leur sera
commandé de les mettre hors
de leurs mains sans fraude, &
dedans ung an, pendant lequel,

par, & sous la dite main, ils en
joyront sans préjudice du Roi
nôtre Sire.

XIII.

Item & ledit tems passé, se
ils ne les ont mis hors de leurs
mains, les choses dés maintenant, pour lors, demeureront
en la dite main du Roi nôtre
dit Sire, sans ce que les dites
gens d'Eglise en puissent riens
prendre, mais en seront lors
tous les proufits, & émolumens
levez & appliquez au Roi nôtre
dit Sire, ou à son proufit sans
deport, par ses Vicomtes, ou
Receveurs ordinaires, en chacun Bailliage, qui en seront tenus rendre compte au Roi nôtre dit Seigneur jusqu'à ce qu'il
appere icelles choses en verité
être mises hors de leurs mains,
& qu'ils en ayent délivrance du
dit Seigneur expediée comme
dessus.

XIV.

Item , & femblablement des chofes depuis 40. ans en çà acquifes par les dites gens d'Eglife en leurs Fiefs , Cenfives, Juftices , fi ce n'eft toutes-voyes de chofes acquifes en leurs hautes Juftices [*p*] dont ils feront tenus en foûfrance jufqu'à ce que plus plainement y foit deliberé.

XV.

Item & en outre pour les acquets , que les dites gens d'Eglife ont fait des * *rentes* , revenus , & autres poffeffions à titre de don , de laiz , ou d'aumône, d'achat, ou autrement , fans le dit affentement expédié , & verifié comme deffus ..... depuis le dit tems de 40. ans, les ufufruits aux donneurs,

p Voyez l'article 4. du titre premier des aftructions latines im. | primées cy - aprés, * *Nota.*

D ij

ou à autres retenus, ou refervez
à tems, l'on fera aux dites gens
d'Fglife commandement comme deffus, que dedans l'année
fans moyen, aprés le tems paffé
de la refervation, fans plus at-
tendre, ils les mettent hors de
leurs mains comme deffus, en
telle maniére, que s'il n'eft fait,
la dite année paffee, les chofes
demourront, & demeurent dés
maintenant pour lors en la main
du Roi nôtre dit Seigneur, fans
ce que les dites gens d'Fglife
s'en entremettent d'en riens exploiter, ne lever, mais leur fera deffendu, & en joyra le Roi
nôtre dit Seigneur, comme il
eft declaré paravant des autres
acquifitions. -

XVI.

Item ce fera enregiftré diligemment en chacune recepte
ordinaire par les Vicomtes, Receveurs, & Procureurs du Roi

nôtre dit Seigneur . afin d'en
avoir mémoire, quand le tems
échérra, & soit tout rapporté
diligemment en la Chambre des
Comptes à Paris, & pardevers
les Treforiers par bonne &
vraye Declaration.

XVII.

Item, ne pourront les Commiffaires fur ce ordonnez, ou à
ordonner, lever, ne exiger finance quelconque des dites gens
d'Eglife, pour leurs dites acquifitions non amorties, mais feront contrains à les mettre hors
de leurs mains par la forme &
maniére cy-deffus exprimez, &
déclarez.

XVIII.

Item & est à entendre que les
dilations, respis, & souffrances
donnez par le Roi nôtre Seigneur aux dites gens d'Eglife,
de tenir leurs acquifitions non
admorties, fans être contrains,

à les mettre hors , ne à paier
pour ce aucune finance , ne feront , & ne porteront aucun préjudice au Roi nôtre dit Seigneur , c'eſt à ſçavoir que le
tems des dites ſouffrances , ou
dilations , ne ſera compris au
tems de 40. ans dont mention
eſt faite cy-deſſus.

XIX.

Item c'eſt à ſçavoir , que les
finances deſſus dites ſe leveront
par tout le Royaume pour tous
les acquêts faits par la maniére deſſus dite , tant en la Sei-
gneurie du Roi comme ailleurs
& ſe leveront , & receveront
par les Vicomtes , & Receveurs
ordinaires des lieux.

TIT. I.

De [q] de Financiâ Francorum Feudorum, & novorum queſtuum.

Sequuntur inſtructiones olim per Conſilium Regis ſuper financias, quæ rationabiliter à gentibus Eccleſiaſticis pro tempore, quo poſſeſſiones abſque Regis conſenſu, vel Amortiſſamento tenuerint, per Regem peti poſſint.

I.

IN primis, pro rebus & poſſeſſionibus per gentes Eccleſiaſticas, &

q Ces Mémoires ſont tirez de l'ancien ſtile du Parlement fol. 107. de l'édition de Galiot du Pré en 1542. On a jugé à propos de les faire imprimer ici, par ce qu'ils ſont ſouvent citez par nos meilleurs Auteurs, & qu'ils

Religiosos, aut alios cujuscumque conditionis ex stant in Feudo, vel Censivâ Regis, donationis, aut eleemosynæ, vel legati, seu quovi alio simili titulo, seu modo, sine consensu Regis, vel suorum Prædecessorum, acquisitis pro quadraginta annis, & rata temporis, quo possessionibus hujusmodi absque consensu Regis gavisi fuerint, estimationem fructuum annatarum quinque semel ex integro solvere tenebuntur: pro rebus autem per easdem gentes Ecclesiasticas in prædicto Feudo, vel Censivâ Regis, emptionis vel permutationis titulo, vel aliàs quovis modo simili, præter quam donationis, vel eleemosynæ acquisitis, pro quadraginta annis, & rata temporis, quo possessionibus hujusmodi absque Regis consensu gavisi fuerint, estimationem fructuum sex annorum pagare tenebuntur.

font obmis dans tous | de du Moulin.
les stiles de l'édition

II.

II.

Præterea pro rebus , & possessionibus , in Feudis & Retrofeudis , aut Re-
trocensivâ Regis , vel in Allodiis titulo donationis , vel eleemosynæ , seu
quocumque modo simili , vel acquisi-
tione pro tempore , & modo , supra-
dictorum fructuum trium annatarum
æstimationem pagabunt. Pro rebus autem & possessionibus in Retrofeudis , &
Retrocensivis Regis , vel in Allodiis titulo emptionis , vel permutationis , aut
alio simili præter quàm eleemosynæ ,
vel donationis acquisitis , æstimatio rerum sic acquisitarum pro quatuor annatis Regi semel pagabitur.

III.

Insuper pro rebus & possessionibus
donationis , eleemosynæ , seu legati ,
vel alio simili titulo , in locis in quibus prædictæ gentes Ecclesiasticæ bassam dumtaxat Jurisdictionem habere
summariè , & de plano , ac benè ,
debitéque probaverint , acquisitis, æstimatio , seu valor duarum annatarum
E *

acquisitionum hujusmodi semel persolve-
tur : pro rebus autem , & possessioni-
bus titulo emptionis , aut alio tali mo-
do , præter quàm donationis vel elee-
mosynæ , in locis in quibus prælibatæ
gentes Ecclesiasticæ , bassam dumtaxat
habere jurisdictionem , sicut præmit-
titur , monstraverint , & probaverint,
æstematio seu valor trium annatarum
Regi semel pagabitur.

IV.

Pro rebus verò necnon possessioni-
bus , per easdem gentes Ecclesiasticas,
emptionis , donationis , vel eleemosynæ ,
seu quovis alio titulo in locis in qui-
bus [r] *altam , & bassam , justi-*
tiam se dicunt habere , necnon in Feu-
dis ab eis sine medio tentis , debitè pro-
bato quòd altam Justitiam , ex sua-
rum Ecclesiarum fundatione , vel pri-
vilegio Regis , vel suorum Prædecesso-

r Delà il resulte que ces instructions sont posterieures aux Françoises , qui ont été imprimées cy-dessus. Voyez l'art. 14. de ces instructions.

rum habuerint , æstimatio seu valor
duarum annatarum pagabitur : alti [t]
vero Justitiarii sunt censendi , qui rap-
tus , latrocinii , necnon murtri ap-
pensati cognitionem habere , & pu-
nitionem facere possunt.

V.

Sanè pro acquisitionibus Redituum, vel possessionum titulo , donationis , vel eleemosynæ , vel legati , usufructu donatoribus , vel aliis personis,
ad certum tempus , vel ad vitam reservato factis , cùm illarum possessio
ad gentes Ecclesiasticas pervenerit ,
æstimatio , seu valor prædictarum acquisitionum pro quinque annatis Regi
solvetur; pro Redditibus, per easdem
gentes Ecclesiasticas , titulo emptionis,
vel permutationis acquisitis, illarum usufructu venditoribus , vel aliis personis,
sicut præmittitur , reservato , si possessio ad gentes easdem pervenerit , annatarum sex pagabitur æstimatio.

ſ Voyez les établiſſemens de S. Loüis livre 1. chap. 25.

VI.

Pro Reditibus *autem*, & *pof-*
feffionibus per fæpe dictas gentes Eccle-
fiafticas, titulo donationis, eleemofy-
næ, vel legati, conditione, feu pacto
quòd hæredes donatorum, vel alii, res
donatas, aut legatas infra certum tem-
pus, vel quando fibi placuerit, abfque
termini præfixione, certam denario-
rum fummam exolvendo, retrahere
poffunt, acquifitis ; prædictæ gentes
Ecclefiafticæ æftimationem quinque an-
natarum rerum fic acquifitarum fol-
vere teneantur : conceffis tamen eifdem
per Commiffarios fuper hoc ordinatos,
Litteris continentibus, quòd cafu, quo
res aliquæ fuerint fibi fubtractæ, vel
per heredes modo quo fuprà redemptæ,
reftitutio talis ficut cafus requirit, ha-
bito refpectu ad tempus, quo fic ac-
quifita res in eorum manibus fteterit,
fibi fiet.

VII.

Quamvis gentes Ecclefiafticæ pro

tempore, quo sine consensu Regis possessiones prædictas tenuerunt, compul-
sæ fuerint summas, de quibus supra, Regi exolvere, eisdem nihilominus ex
parte regiâ præcipietur expresse, quatenus infra annum, & diem, omnes
& quascumque acquisitiones, per ipsas
factas, de quarum Amortissamento,
bene, & sufficienter verificato, &
expedito debitè non docuerint, vacuare, & extrà manus suas ponere habeant; & ex nunc acquisitiones jam
dictæ Regis ad manum ponantur, sub
quâ durantibus eisdem anno & die,
sine præjudicio Regis gaudebunt prædictis anno & die lapsis; acquisitiones,
quas prælibatæ gentes Ecclesiasticæ extrà manum suam, ut præmittitur, non
posuerint, Domanio Regis jungen-
tur, & applicabuntur, illarumque
profectus & emolumenta per Receptores regios, prout ad ipsorum quem-
libet pertinebit ad utilitatem Domini
prælibati colligentur, & recipientur, præ-

ſ Voyez le chapitre ¡ 4. de ces inſtructions.

E iij

fatique Receptores, de profectibus ac-
quisitionum jam dictarum, donec per
easdem gentes extrà manum suam po-
sitæ fuerint, absque fraude in suis
computis mentionem facere tenebun-
tur. Idem & similiter fiet de acquisi-
tionibus per easdem gentes Ecclesiasti-
cas in eorum Feudis, Censivis, & Ju-
stitiis factis.

VIII.

Pro acquisitionibus verò per easdem
gentes Ecclesiasticas cujuscumque con-
ditionis existant, titulo donationis,
eleemosynæ, vel legati, aut emptio-
nis, vel aliàs absque consensu Regis
factis, usufructu donatoribus, aut ven-
ditoribus ad tempus vel ad vitam re-
servato, cum conditione redimendi ad
certum tempus; eo casu prælibatis gen-
tibus Ecclesiasticis præcipietur, quate-
nus infrà annum, & diem post re-
servationem antedictam extinctam,
extrà manum suam acquisitiones po-
nant antedictas; alioquin Domanio
regio applicabuntur, & per Recepto-

res regios sicut prædictum est, recipientur : Dilationes autem respectu suffranciæ gentibus Ecclesiasticis per Regem concessæ, ut ante dictas acquisitiones per tempus aliquod tenere, vel habere possent, Regi præjudicium afferre non censentur, quominus pro tempore præterito in eorum terminis, & dilationibus comprehenso, libere solvere teneantur.

TIT. II.

De financiâ acquisitionis Feudorum, & Retrofeudorum, rerumque nobilium per ignobiles acquisitarum.

I.

IN primis pro reditibus, & possessionibus quocumque titulo per ignobiles à nobilibus in Retrofeudis Regis acquisitis, fructus quatuor annatarum pagabuntur ; pro reditibus au-

tem & hereditagiis , & poßeßionibus quibuscumque per ignobiles quocumque titulo in Feudis Regis acquisitis, sex annatarum fructus semel pagare tenebuntur : sed pro reditibus , hereditagiis , & poßeßionibus per ignobiles, à nobilibus in Feudis , & Retrofeudis acquisitis , quas in allodio , & Franco posuerunt , ad utilitatem Regis capientur, & eidem applicabuntur.

II.

Insuper pro redibus , & poßeßionibus per ignobiles in Retrofeudis , & Allodiis cum conditione retrahendi infrà certum tempus , & diem sicut suprà , medietas nunc , & alia termino retractus elapso solvetur ; si autem terminus ultrà quinquennium protraheretur , ex tunc totum pagabitur : pro reditibus verò , necnon poßeßionibus per ignobiles à nobilibus , usufructu rerum sic venditarum ad certum tempus vel ad vitam reservato, sicut præmittitur , acquisitis, pro ut suprà pagare tenebuntur.

III.

Sanè pro reditibus , & franchisiis
vel libertatibus, per Consules, & Communitates Villarum pro caufis ipfius
Communitatis in Feudis, & Retrofeudis,
aut allodiis regiis acquifitis , financiam
annatarum octo folvere tenebuntur.

IV.

Pro reditibus autem , & poffeffic-
nibus, quas ignobiles à nobilibus in Feudis & retrofeudis , & allodiis regiis
ad annuum cenfum, vel annuam pen-
fionem accipiunt, pro intratis pecuniam
folvendo, ficut fuprà pagabitur : de reditibus verò ficut præmittitur acquifitis, in granis, vel vino confiftentibus, non
pretium majus , aut minus , fed communis valor , ad ufum communem feptem
annatarum præcedentium habito refpectu , folvetur.

V.

Præterea pro reditibus [u] & pof-
feffionibus , in Feudis , retrofeudis Re-

u Voyez les an- | Françoifes imprimées
ciennes inftructions | cy-deffus art. 9.

gis, vel allodio per ignobiles acquisi-
tis, qui à tempore acquisitionis hujus-
modi milites, vel nobiles effecti sunt,
sicut suprà pagabitur. Nobilitati verò
à 40. annis citrà bonam financiam,
secundùm eorum facultates, tam pro
nobilitate quàm acquestibus per ipsos
ante nobilitatem factis, nisi prædic-
tam financiam exolvisse docuerint,
vel Litteras franchisiæ regiæ, sicut
pertinet, passatas, & expeditas ha-
buerint, quæ financiæ suprà dictæ,
per totum Regnum pro acquestibus mo-
do quo suprà factis levabuntur.

VI.

Porrò si homines [x] aliquorum
duorum religioforum nobilium, vel
aliorum, à prædictis eorum Dominis

x Voyez la confe-rence des Ordonnan-ces au titre des Tre-foriers de France liv-vre 11. titre 3. §. 66. tome 3. page. 40. Loyfel livre 1. titre 1. regle 73. la Coûtu-me de Vitry article 140. Jean Gall. q. 380. Meaux art. 158. la Coûtume de la ville, & feptene de Bourges chap. 29. *Regiam Ma-jeftatem* lib. 2. chap. 14. n. 5.

*non autem à Rege se redemerunt, ho-
mines, vel mulieres hujusmodi tales
ergà Regem remanebunt, quales ergà
Dominos suos existebant, donec se ipsos à Rege duxerint redimendos. Exple-
ta verò suprà dicta per Receptores, &
Procuratores regios, in quolibet ordinario diligenter registrabuntur, ut
cùm tempus evenerit, memoriæ teneantur, totumque Thesaurum penes
Clericum Thesauri prædicti reportabi-
tur, & remittetur, ut per Thesau-
rarios sicut pertinebit, ordinetur*

VII.

*Si Domini Ecclesiastici, vel terre-
ni, cujuscumque conditionis, existant
consenserint, vel passi fuerint, quòd
gentes Ecclesiasticæ quocumque titulo
vel ignobiles in eorum Jurisdictioni-
bus, vel dominationibus acquirerent,
eosque permiserint pacificè gaudere,
per annum & diem ad extrà manum suam ponendum ipsos mimimè
compellendo, elapsis autem anno &
die propter eorum negligentiam, illas*

ad [y] *manum suam ponere si vel-*
lent , sibi non permittetur : quòd si fe-
cerint , extrà manum prædictam po-
nantur , & de prædictis acquestibus se-
cundùm ordinationes suprà scriptas ,
ad Regis utilitatem financia levabitur.

TIT. III.

Decisiones quædam super dubiis instructiones suprà dictas tangentibus, factæ, subsequuntur

I.

*I*N *primis si aliquæ gentes Eccle-*
siasticæ habentes temporale admor-
tissatum , dicunt acquestus nullos fe-
cisse , nec ab eis aliqua Feuda teneri,
sui prædicti temporalis admortissamen-

---

y Voyez Bacquet dans son Traité du droit de nouveaux acquests chap, 34. joignez les anciennes, instructions imprimées à la fin du même Traité fol. 147. colomn. 2. de l'édition de 1658. à Lion.

ta monstrare, & ipsius temporalis declarationem tradere veniunt compellendi.
Hereditagium aliquod pro debitè ad-
mortissato teneri non potest, nisi fuerit charta regia, benè, & debitè expedita per gentes Computorum, vel
Thesauri, neque valet in Regis præjudicium tolerantia, quam Ecclesiæ
gentes habuerint tenendi possesiones
per certum tempus præteritum financiâ mediante, secundùm instructiones
soluta.

II.

Prætereà si aliquæ gentes Ecclesiasticæ, sicut aliquæ in Jurisdictione sanctæ Genovefæ commorantes,
possessiones aliquas acquisiverunt, quibus per annum & diem gavisi fuerint, absque hoc quod per Abbatem
sanctæ Genovefæ, de prædictis possessionibus non admortisatis compulsi
fuerint vacuare manus ; prælibatus
Abbas à prædictis gentibus Ecclesiasticis, pro tolerantiâ gaudentiæ prælibatæ financiam requirere non poterit;

nam [Z] *lapso anno, financia præ-*
dicta, & facere compulsiones suprà
dictas, Regi pertinebit. Si autem ali-
qui Curati, vel aliæ gentes Ecclesia-
sticæ, aut aliæ communitates, ex do-
natione, legato, emptione *aut aliàs*
teneant reditus, *vel revenutos, sex*
de 12. *de* 11. *solid. & talium modi-*
carum summarum, non admortissa-
tas, id eisdem permitti non debet,
quoniam ex talibus parvis summis
magnæ possessiones acquiri possent, ve-
niuntque compellendi manus suas sicut
præmittitur vacuare, & financiam
pro tempore præterito solvere.

TIT. IV.

Decisiones aliæ super qui-bufdam dubiis per Com-miffarios motis.

SI gentes Ecclefifticæ folverint pro
tolerantiâ 40. *annorum, pro tem-*

z Voyez la Coûtu- | me de Loudunois au

pore *postea superuento , & donec amortiſſauerint debitè per Litteras ſicut præmittitur expeditas veniunt compellendi, medianteque financiâ per Commiſſarios aduiſandâ : dilatio tenendi poſſeſſiones hujuſmodi non admortiſsatas poterit ad certum tempus prorogari. Præhtereà ſi prædiƈtæ gentes Eccleſiaſticæ Cenſiuam amortiſsatam , vel trium denariorum cenſus ſuper quolibet hereditagio habentes , & poſt hereditagium hujuſmodi ſuper quo cenſus debetur, acquiſiuerint , proptereà non erit amortiſsatum , quin imò ſicut ſuprà compellentur financiam exoluere pro hereditagio prædiƈto , vel manus ſuis ad onus cenſus eorum amortiſſati vacuare.*

TIT. V.

Decisiones [a] aliæ super acquisitionibus per ignobiles factis.

ART. I.

PRIMO, *si per ignobilem Feudum aliquod ab alio ignobili fuerit acquisitum, nec appareat primum ignobilem financiam exolviße : poßeßor ignobilis solùm pro se financiam pagabit. Si verò ignobilis cum muliere nobili matrimonium contraxerit, factisque pluribus acquestibus à nobilibus in Feudis nobilibus, maritus filiis sibi superstitibus vitâ decedat, filii prælibati pro eorum quotâ portione dictorum acquestuum financiam solvere compellentur. Si autem nobilis filiam suam*

a Voyez les reponses aux difficultez anciennement proposées sur les acquisitions faites par non - nobles d'héritages nobles. A la fin du Traité des nouveaux acquêts de Bacquet.

alicui

alicui ignobili tradiderit in uxorem,
in maritagio Feuda & Allodia donan-
do, postquam prædictus ignobilis prædicta Feuda per annum, & diem tenuerit, financiam solvere tenebitur.

II.

Prætereà si ignobilis à nobili reditus
acquisiverit, sive consistant in grano,
vel in pecuniâ, super Feudis nobilibus
percipiendos, ignobilis ante dictus financiam aliquam solvere non tenebitur.
Si autem ignobiles post cridas, & de-
nuntiationes sibi factas de afferendo per
declarationem illa quæ per eos in Feudum tenentur, prædictas eorum acquisitiones ante compositionem ipsius factam vendiderint, nullam proptereà financiam solvere compellentur. Sed si
aliqui Licentiati in jure Canonico,
vel Civili, ad causam sui gradus Feuda & Allodia acquisiverint, financiam solvere cogentur: Similiter Con-
siliarii Regis, vel Parium Franciæ pro
dictis Feudis & Allodiis financiam solvere tenebuntur. Prætereà usque ad ter-

tium [b] *dominum inclusivè pluri-*
bus vendentibus, & alienantibus Feu-
da nobilia, & ignobilia poterit Rex
accipere financiam. Ubi autem aliqui
Feuda, & Retrofeuda tenentes, illa
pro financiâ dimiserint, capientur, &
Domanio regio applicabuntur.

III.

Ignobiles autem qui quadraginta annis
præteritis financiam aliàs exolverint,
proptereà nobilitati non existunt, prima-
que solutio & sequens nobilitatem non
inducunt, [c] *nam financia per eos exo-*
luta fuit pro tolerantiâ prædiЄâ tenen-
di Feuda nobilia. Idcircò de 40. *an-*
nis, & aliàs pro rata financiam sol-
vere compellentur. Plures in Feudo re-
gio possessiones terrarum & heredita-
giorum reperiuntur, ex quibus præte-
teritis temporibus census aliquis non

b Voyez Boutellier dans sa somme rurale Livre 2. titre premier à la fin page 658
c Voyez Boutellier dans sa somme Livre 2. titre premier page 654. ligne 20 & Monsieur le Maître dans son Traité des Amortissemens chapitre 9.

fuit exolutus ; & quia terra absque Dominio teneri non potest, imponetur census super hereditagiis prædictis Regi solvendus, habito tamen respectu ad terras vicinas censum exolventes. IV.

Omnes insuper possessores ignobiles, qui à longo tempore, antiquâque lineâ per successionem, aut aliàs tenuerunt, & tenent Feuda nobilia financiam pagabunt : omnia verò hæreditagia in Allodio franco teneri prætensa, nisi de titulo doceant, ad manum Regiam ponentur.

Coppia novi Mandati à Curiâ Franciæ emanati pro cogendo gentes Ecclesiasticas, ratione suorum acquestuum non admortisatorum.

HENRY [d] au Bailli, & Receveur de.... ou à leurs

d Cette Ordonnance | fut faite sous le Regne

Lieutenans salut. Nous [*e*] pour
certaines, & juſtes cauſes , à ce

de Charles VII. &
pendant que Henry V.
Roi d'Angleterre étoit
injuſtement en poſ-
feſſion d'une grande
partie du Royaume.

e Dans le Manuſ-
crit que Monſieur Deſ-
marés m'a commu-
niqué , il y a ſur
cette Ordonnance l'ob-
ſervation qui ſuit.
(*Non reperitur in regi-
ſtris Cameræ Computo-
rum mandatum regium
aut gentium Computo-
rum omninò ſimile , vel
in eiſdem terminis , ſicut
eſt mandatum de novo à
Curiâ Franciæ emana-
tum pro cogendo gentes
Eccleſiaſticas ratione
ſuorum acqueſtuum non
admortiſatorum . . . li-
cet in effectu ordinatio-
nes ſuprà facta dicto-
rum acqueſtuum à mul-
tis temporibus edita , &
à paucis annis citrà
renovata reperiantur ei-
dem mandato novo con-*

*ſonantes. Reperitur etiã
quoddam aliquod man-
datum ſatis in effectu
conſonum , cujus copia
ſimiliter hic eſt inſerta
vel ſuprà ſcripta.*

*Undè quantum ad
dicti mandati novi pun-
ctum , in quo mentio fit
de acqueſtibus non ad-
mortiſatis , à quocum-
que tempore per gentes
Eccleſiaſticas factis , videlicet quòd compellan-
tur dictorum acqueſ-
tuum coppiam tradere ,
& de titulis ſuis , aut
aliis documentis fidem
facere , quodque dicta
coppia maximè de ac-
queſtibus ante 40. an-
nos factis, mittantur do-
mino Cancellario , vel a-
pud gentes Computorum,
ut ſuper hoc ordinetur ,
prout rationis erit , &c.
iſtud non videtur incon-
veniens , nec in aliquo
gravantur dicta gentes
Eccleſiaſtica coppias an-
te dictas tradendo , ni-*

nous mouvans , vous mandons,
& commettons par ces presen‑
tes , que tantôt icelles veuës ,
vous faites , ou fassiez faire com‑
mandement de par nous à tou‑
te maniere de gens d'Eglise ,
de quelque état , ou condition
qu'ils soient , étant és Mectes de
vos dits Bailliages , & Recepte ,
que dans certain brief jour , que

si forsan propter ejusdem coppia scriptum , & ex‑ pensum. Præfatis autem coppiis per Dom. Can‑ cellarium , Consilium Regis , aut gentes Com‑ putorum , visis , & su‑ per eis ordinatione fa‑ ctâ , si quid tunc in di‑ ctarum gentium Eccle‑ siasticarum præjudicium actum erit, venient con‑ questare si velint, & eis tunc Rex poterit provide‑ re , nunc tamen de præ‑ dictâ compulsione , ad tradendum , conqueren‑ do videntur intempe‑ stivè venire , seu con‑ queri, cùm nihil ad‑

hæc in eorum præjudi‑ cium per hujusmodi com‑ pulsionem actum sit.

Quòd verò ad secun‑ dùm dicti mandati no‑ vi punctum , similiter non videtur inconve‑ niens , sive novum , quòd capiantur fructus dictorum acquestuum ad commodum Regis; (non) opus erat ad hoc dicto mandato novo , quia virtute mandatorum Re‑ giorum , & instructio‑ num super dicto facto editarum , & Recepto‑ ribus Regis transmissa‑ rum poterant præfati Re‑ ceptores fructus omnes

par vous leur sera préfix , ils
vous baillent par déclaration
soufisante sous leurs Seaulx , ou
autres Seaulx authentiques, toutes leurs acquisitions non admorties par eulx , ou par leurs
Prédecesseurs , faites de quelque temps que ce soit , & d'i-
celles acquisitions vous montrent leurs titres , ou autres

dictorum acquestuum , à 40. annis , habito respectu ad tempus dictarum instructionum , mandatorum regiorum , proclamationumque indè secutarum , fructus post annum , à dictis proclamationibus computatum , seu computandum, ad commodum Regis recipere , prout hactenùs multi ex dictis Receptoribus fecerunt , & adhuc faciunt quotidiè , prout per computos dictorum receptorum poterit apparere.

Quòd autem Receptores hoc poterunt facere, atque possunt, patet ex his quæ sequuntur; primò, quia in mandato regio gentibus Computorum directo, super dicto facto 12. Februarii anno 1385. cujus mandati coppia hic est scripta , ut dictum est, expresse cavetur quòd dicta gentes Ecclesiastica , ex tunc cogentur ad ponendum dictas acquisitiones suas à 40. annis , habito respectu ad tempus dicti mandati factas , non admortisatas extra manus suas, infrà annum; quo anno lapso, si hoc non

loyaux enseignemens ; de toutes
les quelles acquisitions non admorties qui avoient été faites
puis 40. ans en cà, avec le tems
d'icelles acquisitions, comment
& de qui elles ont été faites,
envoyez la dite déclaration par
devers nôtre amé & féal Chancelier, & gens du Grand Conseil
à Paris, ou par devers nos amez,
& feaulx gens de nos Comptes,
& Tresoriers à Paris, pour icel-

fecissent , ex illo tunc
fructus dictarum acqui-
sitionum pertinerent Re-
gi , & ad ejus com-
modum ex tunc leva-
rentur, prout ex dicti
manti tenore liquidò con-
stat. Secundò, hoc expressè
continetur in instructio-
nibus super facto prædicto
renovatis in Curia Par-
lamenti anno 1 4 0 4.
quòd scilicet dictæ in-
structiones, ex tunc fue-
runt observata , & de
die in diem observan-
tur, in quibus instruc-

tionibus , hi duo arti-
culi sequentes.
Item & au regard
des possessions immeu-
bles. (C'est l'article 12.
des instructions françoi-
ses imprimées cy-dessus.
Item & le dit tems
passé s'ils ne les ont
mis. (C'est l'article 13.
de ces mêmes instru-
ctions.)
Nunc autem ita est,
quòd à tempore dicti
mandati videlicet ab
anno 1385. & ante, & si-
militer à tempore dicta-

les veuës , ainſi en ordonner;
comme il appartiendra par raiſon ; & au regard des autres
acquiſitions non admorties , qui
faites auroient été depuis 40.ans
en çà , attendu , que depuisle dit
tems de 40. ans ont été faits
pluſieurs commandemens de par
nous , ou nos Prédeceſſeurs
Rois de France en général , &
en particulier , à tous les gens
d'Egliſe de nôtre dit Royaume

rum inſtructionum an-
no 1404. renovatarum
(. . . . .) per hujus Regni Balltas ex-
titit proclamatum ,
quòd præfata gentes Ec-
cleſiaſtica , à præſcrip-
to tempore ponent extrà
manus ſuas infrà an-
num , à tempore dicta-
rum proclamationum
computandum, ſub ante
dictâ pœnâ , quòd ta-
men omninò non fece-
runt : complures ex eis
Litteras ſufferentiarum
ceperunt, occaſione quo-

rum fuerunt fructus ac-
quiſitionum præfata-
rum , ad Regis com-
modum levati , & in
plurium Receptorum com-
putis redditi , & de die
in diem redduntur.

Ex quibus videtur,
quòd in dicti mandą-
ti novi conceſſione , ni-
hil novi gravaminis
præfatis gentibus Eccle-
ſiaſticis ingeritur , ſi
anno pridem eis præfi-
xo ad ponendum extrà
manus ſuas, elapſo Rex
præcipiat per dictū man-

de France , que dedans certain tems à eux préfix , ils miſſent leurs acquiſitions non admorties hors de leurs mains , dont ils n'ont rien fait, prenez, mettez toutes icelles acquiſitions non admorties comme dit eſt, reaument , & de fair en nôtre main, & des fruits & revenus d'icelles , toi Receveur cuelle , & liéve à nôtre prouffit , & les rende doreſnavant en tes Com-

datum novum exinde fructus ad ejus commodum levari , cum & hac virtute praecedentium mandatorum , inſtructionum , & proclamationum inde ſecutarum ſine dicto mandato novo , omnes Regni Receptores facere potuiſſent.

Gravis tamen videtur non-obſtantia , in dicto mandato novo poſita , videlicet , quòd non obſtante quacumque ſufferentiâ , compel-

lantur, juxtà dicti mandati formam Videtur enim quòd dicta ſufferentia debitè expedita, debet in ſuo vigore remanere, niſi tamen rationabilis cauſa ſubſit propter quam Rex eam revocare velit, & ita ſit ſub correctione ſcriptâ.

L'an 1408. le 27. jour d'Avril , le Roi ordonna par déliberation de ſon Conſeil , que doreſnavant en ne donnât à perſonnes, tant Eccleſiaſtiques ,

G *

ptes avec les autres Domaines de la dite recepte, sans leur en faire aucune delivrance, jusques à ce que tu ays autre mandement de nous expedié, comme il appartiendra ; car ainsi nous plaist-il estre fait nonobstant quelconques lettres de souffrance sur ce obtenues par les dites gens d'Eglise, & Lettres subreptices, &c. Donné à Paris le 6. jour d'Octobre 1628. &

que seculieres , *delais*, ne repits, de non admortir , ou mettre hors de leurs mains , plusieurs Fiefs, Cens, Rentes , héritages , & autres revenus par eux acquis , ou à eux advenus par achat , don, legat , ou autre titre puis le tems de 40. ans , & s'il avenoit que octroyez eussent été ou tems passé, se le tems d'iceux n'étoit échû , & passé , ou le fut ou tems, & avenir par inadvertânce , ou autrement , sous quelque forme de paroles qu'ils fussent, ils ne soient scelez , ne expediez , & ne sortissent aucun effet, mais soient de nulle valeur , & si par aucun cas ou maniére passez & expediez étoient doresnavant , ou si par vertu d'iceux les dits 40. ans passoient, que actions, & la dévolution, ou passement d'iceux 40.

de nôtre Regne le 6. Signé par
le Roi à la Relation du Grand
Conseil, tenu par Monsieur le
Régent de N. de Baylli.

ans, ne pourroient, ou ne puissent porter, faire, ou engendrer au Roi, ne à ses droits dérogation ou empêchemens quelconques, ne amplus, que se onques n'eussent été donnez, & sont verifiées les dites Lettres par la Chambre des Comptes, & Tresoriers à Paris, & envoyées au Prevôt de Paris pour les faire publier és lieux accoûtumez à tel sas, & sont enregistrées ou Châtelet entre les Ordonnances Royaux enregistrées ou Livre rouge ou sept-vingt-dix septiéme feuilles.

CONRADI JURENSIS
Burgundiæ Regis fratris Adeleidis inſtauratio Grandis-Vallis.

IN nomine Dei, &c. Conradus Dei clementiâ Rex. Dum utilitatibus Eccleſiarum , &c. congruere liquidò credimus, privilegium ſanctæ Dei Eccleſiæ , noſtrorumque fidelium induſtria , quod auribus noſtris allatum eſt de monaſterio Grandis-Vallis, hoc quoq; ſecundùm antiquam conſtitutionem regum per conſcriptionem præſtructum , & ſub ipſo privilegio uſque ad tempus genitoris noſtri in Dei ſervitio , ſanctorumque ejus conſtitit : ipſius verò noſtri

Patris culpis exigentibus cuidam Luidfrido nomine prædictum monasterium concessum est
in beneficium, sed per proprietatem in ejus progeniem divisit,
quæ crescens multiplicata, præ-
fatum monasterium & ejus acci-
dentia destruxit : tunc enim inventa est conventio Othonis Imperatoris, & filii sui Regis, &
nostra, Ducibus ibidem presenti-
bus, Episcopis, Comitibus multis
cæterisque compluribus, illic nos
percunctantes *si monasterium*, [a]
*quod per privilegia constructum, est per
manum regiam, in proprietatem dare
liceret : illis cunctis communiter judi-
cantibus quòd nullatenus licitum esset,*
consilium dederunt, ut prædicti
Luidfridi filium legaliter ad
Palatium nostrum vocaremus, &
per judicium fidelium nostrorum ipsam Abbatiam per privi-

a Voyez cy-dessus, page 10. & la charte du Roy Robert imprimée cy aprés.

legium acquireremus : quo ita
peracto judicante populo ipsam
Abbatiam, & privilegium secundùm legem nobis reddidit. Nos
verò nunc considerantes prædictum monasterium nunc res-
taurare, & omnia illi ab anti-
quâ constitutione data, per hoc
nostrum præceptum reddimus ;
hæc sunt loca & villæ ad eumdem locum pertinentes, in ipsa
valle Capellæ duæ, in honore
sancti Stephani, & sancti Mar-
tini villâ, in Bargensi Comitatu,
quæ Nugerolis dicitur, cum Capellâ S. Ursiani, & sancti Petri
Apostoli cum villâ Ulvingen
nomine in eodem Comitatu villâ
Summâ-vallis, quæ censetur
cum Capellâ sibi subjectâ, &
aliâ cum villâ *Thesne* nomine,
Capella sancti Imerii & curtis
Alerici, Bidericus cum Capellâ Reconnillare, & alia plura
loca quæ partim in originali lit-

a ij

terâ conscripta sunt. Hæc omnia super inserta ad prædictum
monasterium in usus, & stipen-
dia fratrum ibi Deo servientium
tradimus, &c. Ut autem hæc
nostri præcepti authoritas fir-
miorem obtineat vigorem, manu
nostra subscripsimus, & de sigillo nostro subtus sigillare man-
davimus.   Data septimo Idus
Martii ,   anno à Nativitate
Domini nostri Jesu Christi ,
957.

---

*Ex Tabulario Fossatensi perga-
meo*, fol. 17.

IN nomine, &c. [*b*] Ego Bur-
chardus nutu Dei & gratiâ
Domini nostri Francorum Regis
Roberti castri Comes Corboïli
unà cum filio meo Rainalno ,

b Besly, tom. 2. de | *Chrift. tom.* 1. *p.* 418.
son recueil MS. *Gall.* | *tom.* 4. *p.* 341.

Venerabili Parisiensium Episcopo concedimus, & juris per-
petui dono acquiescimus, & ac-
quiescendo favemus, ut omnis
cujuscumque ordinis militiæ sit
vel clericatus, qui de nostro be-
neficio aliquid in feudum, quamvis magnum vel parvum possi-
deat, licentiam dandi aut re-
linquendi partem ex illo Ecclesiæ Fossatensis Abbati Theobal-
do, qui ipsi Ecclesiæ præesse
noscitur, cunctisque ejus successoribus & monachis illic Deo mi-
litantibus habeant, & hoc absque scitu & *assensu dominorum* de
quibus videntur possidere semper faciant. Hoc itaque donum
tam *peculiare & maximum Fossatensi
Ecclesiæ facimus*, insuper adden-
tes, ut si quis Clericorum aut
Canonicorum ejusdem castri
voluerit monachus effici Fossatis
efficiatur, sive dives sit, sive pau-
per: Laici denique extrà paro-

chias suas ad nullam aliam Ecclesiam admittantur nisi ad Fos-
satensem , quia hoc in mandatum à Dominis & Principibus
Regibusque meis *Hugone* atque
Roberto filio ejus accepimus, ut
omne bonum, quod ipsi Ecclesiæ impendere quoquo modo po-
terimus, eorum fulti authoritate, & auxilio faciamus. Ut igitur nostri memoria à cœnobitis
semper habeatur , & recola-
tur in eadem Ecclesia, hujus
concessionis describere jussimus
chartam , ut tanti doni semper
habeatur in monimentum , ne
unquam per futuri ævi tempora
labatur à memoriâ posterorum,
ut firmius à nostris successoribus observetur manibus propriis
eam firmavimus, fidelibusq; nostris roborandam cedimus quorum nomina describi jussimus.
Actum publicè in curiâ nostrâ
Curboïli anno Incarnationis Do-
minicæ M. VI.

Lettres du Roy Robert octroyées aux Chanoines de S. Denis de la Chartre.

IN nomine sanctæ, & indivi-
duæ Trinitatis. [c] Robertus divinâ propitiante clementiâ Rex. Si precibus nostrorum
fidelium quando pro suis , vel
Ecclesiarum necessitatibus aliquid nobis intimare voluerint ,
aurem libenter accommodamus,
& eorum petitiones justas ad op-
tatum effectum perducimus, non
solum regiam consuetudinem in
hoc exercemus , sed eosdem nostros fideles Deo atq; nobis prom-
ptiores facimus , atque devotio-

---

c Cette Charte est rapportée par le continuateur de Monsieur le Président le Maître, & on l'a transcrite ici toute entiere , parce qu'on en a parlé cy-dessus , pages 25. 26. & 27. Voyez Besly , dans ses Evêques de Poictiers , page 76. &c.

a iiij

res. Igitur omnium sanctæ Ecclesiæ Dei fidelium nostrorum, tam
præsentium quàm & futurorum
noverit industria, quoniam ad-
iens nostræ serenitatis præsentiam quidam fidelium nostrorum
nomine *Anselmus*, & uxor sua
Retrudis assensu Reinoldi Melidu-
nensi Comitis & sanctæ Mariæ sedis
Parisiacæ Episcopi, humiliter de-
precatus est, quatenus *Canonicis*
sancti Dionysii de Parisiaco carcere,
pervigili prece Domino inibi
famulantibus, ex quadam villâ
quæ vulgo vocatur *Lemovica*,
cum omnibus Ecclesiæ appendiciis, terris, cultis, & incultis,
& omnibus mancipiis, &c. nostræ authoritatis præceptum, fieri juberemus : cujus congruam
petitionem considerantes, prædictis *Canonicis* sancti Dionysii,
prædictum alodum, sub præcepti authoritate cum Ecclesiâ, &
omnibus appendiciis concedimus

perpetaliter habendum. Si quis autem , quod nefarium eſt dici ,
plenus demonicâ poteſtate contra *hujus præcepti authoritatem auſus
fuerit inſurgere* , ſeveris preſſus judiciis , ter denas auri libras regali cenſurâ cogatur exſolvere.
Ut autem hujus authoritatis
præceptum per futura tempora,
inviolabilem obtineat firmatis
vigorem , manu propriâ ſubter-
firmavimus , & ſigilli noſtri im-
preſſione inſigniri rogavimus.

---

*Donation de Richard , Roy d'An-
gleterre , aux Hoſpitaliers
de la Rochelle.*

UNIVERSIS S. Matris E.
filiis ad quos præſens carta
pervenerit. Johannes S. Sergii
H. S. Nicolai. J. omnium Sanctorum, Oratorii, & Buſſeriæ Ab-
bates & Capitulum Burgulien-

se Andegaven. Cum chartam claræ memoriæ Richardi quondam R. Angliæ, quam indulsit S. Hospitali Hierosolimitano, & fratribus, oculis diligenter inspeximus, eandem ad petitum fratrum duximus veraciter rescribendum.

RICHARDUS Dei gratiâ Rex Angliæ Dux Normandiæ & Aquitaniæ, Comes Andegavensis : Archiepiscopis, Episcopis, Abbatibus, Comitibus, &c. ad quos præsens carta pervenerit, salutem. Quàm magnifica, quàm jugis in operibus pietatis sacrosancta domus hospitalis Hierosolimitan. existat, ad universitatis nostræ notitiam, non minus ipsa immensitas rei quàm famæ potest celebritas deduxisse. Cujus rei fidem certissimam in Hierosolimitanis partibus constitutis propior oculorum nostrorum.... & experientia ipsa

fecere. Nam præter quotidianã
quę ceteris indigentibus & supra
fidem , & super ipsius domûs
facultates magister & fratres
domûs S. Hospitalis de Hieru-
falem exhibuere subsidia, nobis
quoque ultra mare & citra, tam
devotè tamque magnificè sub-
veniunt, ut ipsa magnitudo subventionis, & obligatio sibi con-
scientiæ nostræ judicium tanta
nos beneficia dissimulare sub in-
ingratitudine non permittant.
Quocirca piis eorum operibus
volentes pari pietatis opere res-
pondere pro salute animæ R. H.
patris nostris & A. Reginæ
matris nostræ, & fratrum, necnon antecessorum nostrorum de-
dimus Deo & B. M. V. & beato
Joanni Baptistæ & supradictæ
domui S. Hospitalis Hierusalem,
& magistro, & fratribus & hominibus suis, & in omnibus te-
nementis & eleemosinis , quæ

eis datæ funt & erunt & in quĩ-
bufcumque acquirere potuerint,
in perpetuam eleemofinam conceffimus
omne jus & dominium quod ad
nos pertinet & pertineat , om-
nem poteftatem, libertatem , &
liberas confuetudines quas Regis poteftas conferre poteft in
omnibus , ut teneant omnes res
& poffeffiones , & univerfas per-
tinentias fuas quas in præfenti
poffident , *& in futuro poffidebunt*
benè & in pace , liberè , quietè , inte-
grè & honorificè in bofco & in plano,
& in pratis , pafcuis , marefiis , pifca-
riis & vivariis , ftagnis , aquis molen-
dinis , in firmis , in foris & in nundi-
nis , in terris , agris , vineis , cenfibus
& in venditionibus. Scilicet tam in
larceniis & in raptu mulierum,
in incendiis , in multricidiis , in
peagiis , &c. Et ita firmiter præcipimus quòd homines dicti hof-
pitalis fint liberi *de exercitu &*
equitatu , de teloneo paagio , pontagio ,

&c. Similiter ut si aliquis hominum dictorum fratrum sit nuntiatus erga nos, vel ballivos pro quacumque causâ vel delicto vel forisfacto, prædictis fratribus sine dilatione reddetur. Hæc omnia prædicta & omnes exitus qui inde provenire poterint concessimus cum aliis libertatibus ad prænominatam domum & fratres S. Hierosolimitani Hospitalis pertinentibus in universo regno & tota terrâ nostra ultra mare & citra vel ubicumque sint, nihil nobis retinentes nec hæredibus nisi tantummodò orationes & bona spiritualia sæpè dictæ domûs sancti Hospitalis; testibus S. Lemovicensi, H. Santonensi Episcopis, &c. Datum per manus Vuilelmi Eliensis Episcopi Apostolicæ sedis Legati, Cancell. nostri apud Spiram quinto die Januarii, anno 1194. & quinto regni nostri.

La date du Vidimus des Abbez est obmise.

Ex Libro inquestarum cooperto pelle viridi, in dorso † fol. 196.

Arresta, & consilia Paris. in Parlam. octav. Nativitatis B. Mariæ Virginis, an. millesimo C C. L X.

CUM Baylivus Gisorcii compelleret quemdam armigerum de Respivolio, ut moniales Pontis. quæ in feudo suo quandam terram emerant de ipsa terrâ poneret in saysinam; ipso armigero nolente ponere feudum suum in manu mortuâ, determinatum fuit, quòd idem armiger *non tenebatur ipsas moniales* de feudo suo saysire, cùm ipsum acquisivissent titulo [*d*] emptionis.

In Parlamento Candelon. Octav.
1261. fol. 120.

ABBAS Compediensis receperat in monasterio in monachum conversum quemdam rusticum suum servum Ecclesiæ suæ, in cujus manu mortua, si remansisset in sæculo, Rex haberet tertiam partem, sicut Baylivus Virom. dicebat, & propter hoc petebat Baylivus pro Rege sibi reddi tertiam bonorum ipsius hominis, quia cùm ingressus esset relligionem pro mortuo debebat haberi. Abbas dicebat in contrarium, quòd

d De là il s'ensuit, quand un Vassal avoit donné de ses terres à l'Eglise, *in puram & perpetuam eleemosinam,* que le Seigneur suzerain pouvoit être contraint de recevoir son droit d'indemnité. V. la Note à la fin de la page 89.

Baylivus non debebatur super
hoc audiri, quia ipse benè poterat servos suos in monasterio
suo recipere quotiens volebat,
& super hoc usus fuerat. Quare
cùm Dominus Rex haberet tertiam partem , in manu mortuâ
ipsius hominis cùm (mors) eve-
niret, sicut Abbas etiam confi-
tebatur, & idem Abbas recepit
ipsum , absque licentiâ Regis,
determinatum fuit quòd Rex
haberet [e] tertiam partem bonorum ipsius hominis.

In Parlamento Pentecostes An. 1267. fol. 154.

DOMINUS Henricus de
Almagor pignori obliga-
verat terram suam Medians, usque ad certum tempus, Rober-

Voyez l'article 14.
de l'Ordonnance de
Philippe le Bel, impri-
mée cy-dessus, entre
les anciennes Ordon-
nances, page 15.

to Polet civi Rothomagensi ,
pro quadam pecuniæ quantitate , & post durante hujusmodi
obligatione, terram ipsam vendidit Abbati , & conventui *Sam-
ginacen.* idem Henricus ; verùm
audito quòd terrâ ipsâ de feudo Domini Regis monachis vendiderat , & *in manu mortuâ* posuerat idem Henricus absque
assensu Regis , gentes Domini
Regis terram saysinaverunt, &
in manu Domini Regis posuerunt eandem : factâ verò saysinâ hujusmodi per gentes Domini Regis, veniens ad Dominum
Regem idem Robertus petiit
quòd gauderet gaigeriâ supra
dictâ , & contradicebatur pro
Rege , quòd dictus Robertus
super hoc non debebat audiri,
cùm Dominus Rex feudum
suum in manu mortuâ absque
assensu Regis positum saysivisset ; cùm etiam gaigeriam ipsi

b

[*f*] Roberto factam non appro-
baffet Dominus, Rex nec affenfit
eidem, nec propter hoc ficut dice-
batur Dominus Rex à jure elon-
gari debebat. Tandem habito cõ-
filio fuper his refponfum fuit
dicto Roberto, quòd quãdiù Dominus Rex tenebat hujufmodi
feudum fuum in manu fua, nihil
ibidem percipiet ratione dictæ
gaigeriæ dictus Robertus , fed
cùm erit extra manum Regis
tum repetet jus fuum, vel contra
dictum Henricum fuper hoc agat
fi fibi viderit expedire.

In Parlamen. Pentecoft. 1268.
fol. 162.

D Ie veneris poft quindenam
Pentecoftes, in hoc Parlam.
præcepit curia Abbatiffæ beatæ
Mariæ Sueffion. præfenti in curia, quòd ea quæ acquifiverat in

f Voyez les Loix | Champagne, art. 4.
de Thibaud Comte de |

feudo Domini M. quod tenebat
à Rege, ponat extrà manum suã
intrà annum & diem........

In Parlament. Candelos.1269.
fol. 174.

DOMINUS de Lauda in Nor-
mannia tenebat à Domino
Rege quędam prata in Sergenta-
ria, & secundùm Cõsuetudinem
terræ cadere poterant in garda
Regis, ea vendidit cuidam Ecclesiæ in manu mortuâ possiden-
da : hoc comperto Baylivus inve-
niens in manu mortuâ, ea pro Domino Rege saysivit ; verum cùm
idem Dominus ad curiam veniens
peteret sibi restitui dicta prata,
& ipse faceret erga Ecclesiam cui
vendiderat, quòd eadem sibi
redderet, & ipse eadem ad statum pristinum revocaret, habito
consilio determinatum fuit, &
sibi responsum, quòd ex quo ea
posuerat in manu mortuâ præb-

ter aſſenſum Domini Regis, &
in ipſius prejudicium Domino
Regi remanerent tamquam com-
miſſa.

Ex Libro inqueſt. Pentecoſt.
an. 1273. fol. 36.

PLACUIT Domino Regi quod
cives Tholoſani feuda ab eis
acquiſita à 20. annis citrà ponant
extrà manum ſuam infrà annum
& diem, alioquin Dominus Rex
manum apponet. *Feuda* [g] *autem*
ante iſtud tempus acquiſita, & ea quæ
habent ex ſucceſſione vel ex caduco pa-
rentum, & ea quæ tenent ratione ma-
ritagiorum, eis tenere licebit.

In Parlamento omnium Sancto-
rum an. Dom. 1275. fol. 29.

ABBATE [h] & conventu
S. Sabini de Monſterolio

g Voyez Beauma- | h Pour les p. 45,
noir, ch. 48. au com- | 46. & 158.
mencement.

suprà mare cõquerentibus, quòd
Baylivius Ambianensis ad in-
stantiam Majoris & Scabinorum
de Monsterolio saysiverat & say-
sitas tenebat possessiones in Censivis & Feudis ipsorum Abbatis
& Conventus, & in locis in quibus omnimodam habent justitiam ab eis acquisitas. Dictis Majore & Scabinis ad defensionem
suam, & Baylivio ex adverso pro-
ponentibus dictos Abbatem &
conventum hujusmodi acquestus in manu mortuâ tenere non
debere, eâ ratione quòd dictæ
possessiones erant eorum tallia-
biles, quum Burgenses sui tene-
bant easdem. Auditis hinc inde
propositis dictum fuit per jus,
quòd dicti Abbas & Conventus
hujusmodi possessiones non obstante contradictione dictorum
Burgensium acquirere poterant,
& acquisitas tenere 1275.

In Parlamento Epiphaniæ Do-
mini, anno Domini 1277.
ex regeſt. olim, fol. 38.

RESPONSUM [i] fuit Tu-
rannen. Cōborien. & Ven-
datori Vice-comitibus, quòd in
rebus amortificatis ab eis in feudis, & retrofeudis Domini Regis, Dominus Rex affignare poteſt *ubi non ſunt tres Domini inter-*
medii. Item conceſſum fuit dictis Vice-comitibus, quòd *poſſint*
portare arma pro ſuis feudis more de-
bito juſtitiandis. Et inhibitum fuit
Seneſchallo, quòd non permit-
tet quòd *ſervientes ſui intrent terras*
[k] *dictorum Vice-comitum cauſâ juſ-*

i Voyez l'Ordon-
nance de Philippe III.
rapportée cy-deſſus,
page 101.
k Voyez l'Ordon-
nance de Philippe le
Bel de l'an 1301. &
Brodeau ſur M. Loüet,
Lettre N. Somm. 10.
n. 2.

*titiæ exercendæ, nisi in casibus ressorti,
& in casibus, quorum cognitio, &
vindicta ad Dominum Regem pertine-
re noscuntur.*

---

*Inquestæ, & aprisiæ expeditæ in
Parlamen. an. Dom. 1280. fol.*

CONSULES [*l*] Tholosa-
ni dicebant contra Episcopum Tholosanum, quòd ipsi &
alii Consules, qui pro tempore
fuerunt, sunt & fuerunt in possessione, seu quasi, imponendi &
exigendi *collectas* à civibus Tholosanis, *pro modo facultatum suarum,*
ubicumq; eas possiderent, etiam
si possessiones illæ dictorum civium essent feudales Episcopi
Tholosani; dicebant etiam, quòd
ipsi sunt, & fuerunt in possessione, vel quasi, imponendi *collectas,*
& exigendi ab Ecclesiasticis conjugatis civibus Tholosanis, pro

l Pour les pages 41. 42. 43. &c.

modo facultatum suarum ; dicebant etiam, quòd ipsi sunt, vel
fuerunt in possessione, vel quasi
imponendi *collectas Ecclesiasticis non
conjugatis pro modo patrimonii parentum suorum, quod possident.* Auditis
& visis probationibus super hoc
productis , & responsionibus
utriusque, probatum & inven-
tum est, quòd prædicti Consules sunt & fuerunt in possessione
prædictorum, & adjudicata est
eis per Curiam Domini Regis
possessio supra dicta.

In Parlamento B. Martini an. Dom. 1282.

CUM Dominus Rex [m]
olim quandam ordinatio-
nem fecisset super alienatis in

---

m Cet Arrest est rap-
porté par M. le Prési-
dent le Maître, dans
son traité du Droit d'Amortissement, ch.
5. & dans la 7. partie
de l'ancien Stile du
Parlement, chap. 73.

manum

manum mortuam, vel villena-
gium moventibus de feudis, &
retrofeudis ipsius, necnon & de
allodiis regni sui, in qua ordinatione pro subditorum utilitate communi concessit *de gratiâ
speciali*, quòd villani, & Ecclesiæ supradicti, acquisita hujusmodi à triginta annis citrà, com-
putando à tempore ordinationis
ipsius, extrà manum suam ponere minimè tenerentur, dùm
tamen vellent solvere deputatis ad hoc à Domino Rege, duos
vel tres, vel quatuor fructus
alienatorum hujusmodi, secundùm distinctionem rerum, le-
gatorum, & contractuum, prout
in litteris dictæ ordinationis continetur : plures de diversis partibus regni sui graviter conque-
rerentur, super eo quòd deputa-
ti à Domino Rege ad levandos
fructus hujusmodi, vel super iis
financias faciendum, secundùm

formam ordinationis, exigere,
vel levare volunt ab illis villanis, quibus nobiles aliqui terras, prata, vineas, vel possessiones alias arrentaverunt, pro
aliquâ summâ bladi, vel pecuniæ quantitate, quamvis de nul-
lo, vel modico *intragio* [*n*] con-
venerit, in contractibus ante-
dictis ; super quibus præhabitâ
deliberatione dictum fuit per
arrestum, quòd præcipietur gentibus Regis, ne tales arrenta-
tiones fieri impediant in futurum, & ne occasione illorum
aliquid exigant à villanis, & si
aliquid occasione hujus exege-
rint, illud reddant, & restituant
illis villanis, vel eorum heredibus, à quibus talia exegerunt.

n Voyez les instruc-
tions Latines, impri-
mées cy-dessus, tit. 2.
art. 4. Et Dominicy,
dans son Traité *de Præ-* *rogativa allodiorum,* c.
18. *n.* 1. *p.* 169.
　Voyez ce qui a été
dit cy-dessus au sujet
des Pairs, p. 161.

Inqueſtæ (&) apriſiæ [o] *expeditæ*
in Parlamento Pentecoſtes
an. 1283.

CUM moveretur diſcordia
[p] inter majorem, & ju-
ratos Royæ ex unâ parte, & Flo-
rent. Mathon Clericum ex alterâ, ſuper hoc quòd dicunt, ſe eſſe
in ſayſina, & longo tempore
uſos eſſe talliandi omnes Bur-
genſes villæ Royæ, & omnia bona ſua mobilia, & immobilia ubique exiſtentia intra villam, vel
extrà, feuda ſive villenagia,
pro redebentiis & debitis villæ ſolvendis, atque...... ſe
& totam communitatem, & om-

o L'apriſe eſt une
enqueſte que le Juge
fait d'Office pour ap-
prendre les particula-
ritez de quelque fait.

Voyez Beaumanoir,
chap. 40. p. 221. 222.
  p Pour les pages 41.
42. 43. &c.

ç ij

nia bona communitatis; & quia
Michaël Mathon pater dicti Florentii, erat Burgenfis villæ, tempore debitorum factorum , *&*
redituum ad vitam venditorum pro
majori parte , atque confenfit
dictus Michaël, & bona fua , &
fe obligavit ficut alii Burgenfes.
Item fuper eo quod dicunt, quia
dictus Michaël maritavit dictum Florentium filium fuum, &
promifit fibi dare in maritagium
centum Lib. terræ fuæ , & donavit partem in feudo, & majorem in villenagio, pro parte
terræ , quæ fuit fibi profecta
poft mortem ipfius patris, quæ
terra, cum aliis bonis erat obligata pro folvendis debitis , &
reditibus ad vitam, quæ villa debebat tempore donationis prædictæ fecundùm valorem bonorum dicti Michaëlis. Item fuper
eo quod dicunt fe ufos effe longo tempore *talliandi* hereditates

donatas à parentibus in maritagium filiis suis *Clericis*, vel Laicis ubicumque existentes in villa, vel extra, pro solvendis debitis, in quibus villa tenebatur
tempore donationis, vel ante.
Item super eo quod dicunt,
quòd pro illis centum Lib. terræ promissis dicto Florentio in
maritagium, quittavit totam es-
chaentiam patris, & matris suę
nisi veniret à latere. Item super
eo quod dicunt esse judicatum in
Curia Regis, quòd *Clerici* debent
partem debitorum ratione bonorum obvenientium à patre &
matre tanquam heredibus, & sic
usitatum esse in villis vicinis
communiæ, post judicatum, pro
tali portione hereditatis quam
importat. Item super eo quod
dicunt, quòd quando aliquis
Burgensis recedit de communi-
tate, solvit partem debitorum
& yssuam villæ, secundùm quan-

titatem bonorum mobilium , &
immobilium, five in villa five extrà , fecundùm quantitatem debitorum villę, pro bonis ad hoc
obligatis , ut fuprà dictum eft.
Quare petebant quòd dictus Florentius folveret partem debitorum, pro tanto, pro quanto importat de terrâ , *quia hereditas va-
dit cum onere.* Dicebant etiam,
quòd benè apparebat, quòd dictus Florentius teneat illam ter-
ràm fibi donatam à parentibus
pro parte , & tanquam heres ,
propter contentionem , quam
fecit. Dicto Florentio Clerico
in contrarium dicente , & affe-
rente fe non teneri ad prędic-
ta , quia dictus Michaël , & Mater dicti Florentii , donaverunt
fibi dictam hereditatem in maritagium extrà villam , & extrà judicium Burgenfium villæ
Royæ , & tenuit eam *pacificè per
annum & diem* poftquam fuit ma-

ritatus. Item contra rationes,
quia donatio fuit facta inter vi-
vos, & remanferunt obligati pater & mater debitis villæ, &
conventionibus, & etiam fatis
tenuerunt Michaël pater & mater pro implendo eo in quo te-
nebantur; quare dicebat dictus
Clericus habere fæpè dictum dominium debere. Nec obftat,
quòd pater, & etiam ipfa mater
folebant fe talliare, quia non
erat ratione hereditatum, fed ratione perfonarum ligatarum ad
Burgerium, & quia major pars
hereditatis donatæ tenetur in
feudum, & alia in cenfiva, &
facit dictus Clericus *fervitia dominis quotiens opus eft*, & folvit cen-
fivas annuatim, fine quibus non
poteft onerari quin revertatur
ad libertatem, quando tenetur
à liberâ perfonâ ; nam privata
contentio facta à Burgenfibus
non veniret in jus (communiæ)

quod habent dicti Burgenses fuper hereditatibus , quæ tenentur ab eis. Item dicto clerico dicente , quòd confuetudo villarum Viroman. de lege talis eft ,
quòd Burgenfes in vita poffunt
maritare filios fuos , & dare hereditates extrà villam , five folvendo partem debitorum , feu
arreragia , maximè fi teneant de
bonis extrà villam , & intrà fuf-
ficienter : Undè poffunt facere
adverfus villam quod debent.
Item dicente , quòd fi pater tenebatur villæ , erat onus perfo-
nale , quod debent folvere heredes , & illi qui habuerunt bona tamquam heredes , & folve-
runt alia debita ; fed dictus Clericus nihil habuit de efchaentia
patris tamquam heres , fed ratione donationis factæ inter vi-
vos bonorum , extrà villam , &
judicium villæ ; fed fratres fui ,
& forores habuerunt bona patris

tamquam heredes ufque ad valorem mille Lib. & plus: dicebat
eos teneri folvere debita, & con-
ventiones defuncti, & non fe;
quare petebat dictus Florentius
Clericus abfolvi ab impetitione
dictorum Burgenf. & damna
litis fibi reddi, quæ habuit ratione . . . . quæ eftimat centum
Lib. & centum folid. caufis &
rationibus fuprà dictis. Tandem fuper his factâ inqueftâ, vi-
fis rationibus, & refponfionibus
utriufque partis judicatum eft
in Curiâ, quòd dictus *folveret*
talliam fecundùm eftimationem quan-
titatis bonorum à patre fuo obligato-
rum pro tallia dicta, & fibi à patre
fuo collatorum in maritagium.

In Parlamento omnium Sancto-
rum an. Dom. 1283.

CUM Baillivus Viromand.
ratione statuti à Domino
Rege facti, de acquisitis ab Ecclesiis & Ecclesiasticis personis
in feudis, & retrofeudis suis,
extrà manū suam ponendis, terram quæ fuit de Stephani bonis
sitam in villis de Ausoncia, & de
Villa nova in Campania, quam
Capitulum Remense titulo emptionis acquisierat, saysivisset,
& in manu Domini Regis cepis-
set. Procurator Capituli nomine
dicti Capituli proposuit, dictam
terram sibi amortisatam à Comite Campaniæ de cujus feudo dicta terra movebat, chartam dicti
Comitis confectam super dicta amortisatione ostendens. Vi-
sâ dictâ chartâ, & rationibus
dicti Capituli intellectis, præ-

ceptum fuit Baylivo à dictâ Curiâ ut manum suam [q] amove-
ret.

In Parlamento Pentecostes anno Domini 1285.

AUditis Majore, & juratis
Corbor. & procuratore
Abbatis, & Conventus ejusdem
loci, pronuntiatum fuit, quòd
dicti Major, & Jurati domum
ab eis acquisitam in treffundis,
& tenentiis Abbatis, quæ dicitur Mala-domus, & *viginti Lib.*
annui reditus acquisitas ad usus
pauperum dictæ villæ retinere
non possunt, nisi de licentiâ, &
permissione dictorum Abbatis,
& Conventus.

q Voyez l'Ordon-
nance de Philippe III.
au commencement, p.

101. & la 2. partie de
l'ancien Stile du Par-
lement, ch. 2.

In Parlamento Pentecost. anno
Dom. 1290.

DICTUM fuit per arrestum,
quod Capitulum Silvanec-
tenſ. poneret extrà manum ſuam
ſeptem libras reditus ſibi datas ab
Epiſcopo mortuo, emptas à dicto
Epiſcopo à Comite Grandis pra-
ti, qui Comes eas habere ſolebat
ſupra Cõmunitate Silvanectenſi.

CUm Comes Nivernenſis pe-
teret manum ſeu ſayſinam
Domini Regis, amoveri à quibuſ-
dam feudalibus ab eo amortiſa-
tis aliquibus Eccleſiis, & aliis
piis locis, ac poſitis in manibus
Burgenſium, & aliarum perſonarum ignobilium, ob remune-
rationem ſervitiorum, [r] vel

r Voyez l'Ordon- | Nobles de Champa-
nance de Loüis Hutin | gne, art. 2.
de l'an 1315. pour les |

ob aliquam aliam gratiam , fine receptione alicujus pecuniæ [*f*] hoc fibi fuftinebitur : fed fi aliqua admortivit, vel in manibus Burgenfium vel ignobilium pofuit pro pecuniâ , Dominus Rex utendo jure fuo poteft & poterit liberè eafdem affignare.

In Parlamento omnium Sanctorum anno Dom. 1291.

VIS A chartâ Burgenfium de Rupellâ & fpecialiter illis verbis in chartâ *Regis Joannis* [t] contentis , videlicet omnis em-

---

f Voyez l'Arreft rapporté cy - deffus , qui commence, *Cum Dominus Rex.*

t Ce Roy Jean , dont il eft parlé ici , eft Jean Roy d'Angleterre, fils d'Henry , & frere de Richard , aufquels il fucceda en l'année 1199. il ne fe-

ra peut-être pas inutile de rapporter ici la Charte, dont il eft parlé dans cet Arreft, rien n'étant plus capable de faire connoître quelle étoit la raifon de douter, lors de la conteftation. La voici telle qu'Augufte Galland l'a donnée dans

ptio quam civis Rupellæ fece-
rit rationabiliter & per rectam
emptionem in Pict. quam in pace
tenuerit per unum annum &
unum diem, de cætero stabilis
sit & firma. Pronunciatum fuit
quòd per hujusmodi concessio-
nem dicti Burgenses non possunt
se accrescere in feudis & retrofeudis Domini Regis absque sui
licentiâ.

le livre qu'il a intitulé *Discours au Roy sur la naissance, ancien état, progrés & accroissement de la ville de la Rochelle.* Joannes Dei gratiâ Angliæ Rex, &c. Omnibus Baillivis & Fidelibus suis, ad quos præsens charta pervenerit, salutem. Sciatis quòd concessimus, & præsenti chartâ confirmamus, probis hominibus nostris de Rupellâ, quòd omnis emptio quam fecerint rationabiliter per rectam emptionem in Pict. quã in pace tenuerint per unum annum, & unum diem, de cætero stabilis sit & firma: & prætereà concessimus eisdem probis hominibus de Rupellã, qui habitant apud Rupellam, easdem libertates, quas eis per chartam nostram concessimus, alibi per terram nostram Pict. Datum per manum Joseclis de Weill. apud Burdesium, vicesimâ sextâ die Aprilis, anno regni sexto; C'est à dire l'an 1204.

In Parlamento omnium Sancto-
rum anno Dom. 1292.

CUM Prior & Fratres sanc-
ti Johannis Hierosolimitani conquesti fuerint, quòd minus justè & contra tenorem pri-
vilegiorum suorum, per deputatos à nobis ad recipiendas financias super acquisitis ab Ecclesiis & Ecclesiasticis personis
in feodis & retrofeodis nostris
inquietabantur & molestaban-
tur : visis privilegiis prædictorū
Fratrum , pręcipuè charta Richardi quondam Regis Angliæ,
charta Philippi Regis Franciæ,
charta Ludovici Franciæ Regis
abavi nostri . . . . & charta Ludovici Regis ultimò defuncti avi nostri , super appro-
batione & confirmatione litterarum dicti Richardi Regis con-
fectis; pronunciatum fuit per

Curię noſtrę judicium ſuper acquiſitis à dictis Priore & Fratribus, in his ſolummodò quæ
dominicaliter pertinebant ad ip-
ſum Regem Richardum, ab in-
quietatione & moleſtatione dictorum Prioris & Fratrum uſque
ad mortem Ludovici Regis avi
noſtri eſſe ceſſandum, ſalvo jure
noſtro in placito *ſpecialiter,* ſeu in
alta juſticiâ in acquiſitis factis
per ipſos à tempore datæ privilegii dicti Regis Richardi.

In Parlamento omnium Sancto-
rum anno Dom. 1293.

TERRA quam Dominus de
Landoire acceperat in feodo ab Abbate & Conventu Ca-
sæ Dei, & postmodum eam vendiderat dictis Abbati & Conventui; idem miles dictam terram
ad manum suam retrahet, & de
eâ venire compelletur ad homa-
gium Domini Regis. Et quid-
quid perceptum est de dictâ terrâ per gentes Domini Regis, Domino Regi remanebit, nomine
Emendæ tam à dictis Monachis
quàm à milite debitæ pro illici-
tâ alienatione dictæ terræ, &
ad aliquam aliam financiam Domino Regi propter hoc faciendam Monachi non compellentur.

Inquestæ, aprisiæ & informatio-
nes expeditę in Parlamento
omnium Sanctorum anno Do-
mini 1298.

CUM Decanus & Capitu-
lum Sancti Ylarii Picta-
viensis proponerent contra Religiosos viros Abbatem & Conventum S. Laurentii de Abba-
tiâ Alticiodorensi ad istum finem, quòd res quas dicti Religiosi emerunt ab Odone de Son-
liaco milite, & Franchisiâ soro-
re suâ, quas dicti Decanus &
Capitulum ceperunt in manu
suâ, pro eo quòd prædictæ res
alienatæ fuerant in manu mortuâ, & traditæ per manum Regis per recredentiam dictis Religiosis, debeant reponi in manum prædictorum Decani Ven,
& Capituli, vel si hoc fieri non

debeat , quòd dicti Religiosi
compellentur prædictas res ponere extrà manum suam, *quod
Consuetudo est in regno Franciæ , quòd
quantumcùmque Ecclesia acquirat per
emptionem vel non lucrativam* [u]
*causam in feudo , vel in retrofeudo ,
seu dominio aut jurisdictione altâ , vel
bassâ , vel mediâ, cujuscumque Domini
fuerit , vel habens ibi jurisdictionem in
solidum , vel pro parte, pro indiviso ,
potest assignare vel ponere in manu suâ
citò , quàm scit rem positam in manu
Ecclesiæ , & sibi applicare , vel com-
pellere Ecclesiam acquirentem ponere
extrà manum suam.* Item quòd alia
Consuetudo in regno Franciæ
quòd si Domini habeant in aliquo territorio altam justitiam
pro indiviso , si alter de dictis
Dominis solus alienet absque
voluntate alterius partem suam

u Voyez l'Arrest | *Baillivus Gisorcii* , &
imprimé cy - dessus , | la Note sur cet Arrest.
qui commence , *Cum* |

in manu mortuâ, Ecclesia ac-
quirens non potest dictam partem retinere invito alio Domino, sed eam tenetur ponere extrà manum suam. Item quòd dicti Religiosi acquisierunt res li-
tigiosas à dicto Odone & Franchisia in terra dictorum Decani
& Capituli, & sub altâ justiciâ
ipsorum, pro mediâ & pro indiviso, & sub basso dominio & bassâ justiciâ, & mediâ ipsorum in
solidum. Item proponebant dictus Decanus & Capitulum, quòd
ante acquisitionem prædictam
conventum fuit inter prædictos
Decanum & Capitulum ex unâ
parte, & prædictos Religiosos
ex alterâ, quòd si dicti Religiosi acquirerent aliqua in dominio, vel feudo, & censivis dictorum Decani & Capituli, quocumque titulo eis obveniret, non
possent ea tenere ultra annum
absque voluntate & licentiâ dic-

torum Decani & Capituli , &
quòd ante motam litem in nof-
trâ Curiâ erat annus elapſus ab
acquiſitione prædictâ. Dictis
Religioſis ex adverſo proponen-
tibus, quòd Conſuetudo eſt in
partibus in quibus ſunt res litigioſæ, quòd ſi aliqua Eccleſia
acquirat ſub dominio alicujus,
aliquas poſſeſſiones, vel per emptionem, vel per eleemoſynam,
vel alio quocumque titulo, Dominus non poteſt aſſignare , nec
aliquid petere in rebus ita acquiſitis, propter hoc quòd Eccleſia eas tenet in manu mortuâ,
quouſque dictus Dominus monuiſſet Ec-
cleſiam, quòd acquiſitionem, quam in-
venerit, ponat extrà manum ſuam, &
quòd poſt hujuſmodi monitionem annus
& dies ſunt elapſi. Item proponebant dicti Religioſi, quòd ipſi ac-
quiſierunt res litigioſas à dictâ
Franchiſiâ ſorore dicti Odonis,
quas tenebat dicta Franchiſia in

feudo à dicto Odone, qui tenebat illud quod vendidit dictis
Religiosis in franco Allodio, &
amortivit eis res prædictas ut
Dominus feudi , & Dominus
Comes Suirocesuris in cujus Ba-
roniâ sive Comitatu sitæ sunt
res litigiosę, amortivit dictis Religiosis res prædictas tanquam
superior Dominus. Item quòd
dictus Odo & Franchisia, & eorum prædecessores sunt & fuerunt à tempore à quo non extat
memoria, in saysinâ dandi & ad-
ministrandi pluribus Ecclesiis,
& pluribus modis de rebus prædictis pro libito suæ voluntatis,
non requirendo assensum Decani & Capituli prædictorum,
& adhuc tenent in manu mortuâ Ecclesiæ quibus prædicti O-
do & Franchisia dederunt modo
prędicto. Insuper dicebant Religiosi, quòd Decanus & Capitulum nihil possunt prendere in

dimiſſâ venditione , quia ſcili-
cet prædicti Decanus & Capitulum habuerunt cum dictis Odone & Franchiſia in territorio in
quo ſunt res litigioſæ, juſtitiam,
Seigneurias & alias redeventias
qualiter in ſuos ſubjectos una
pars non habet in parte alterius
ſubjectionem, redeventiam, nec
aliquid aliud , immo ſicut vicini
ſemper tenuerunt. Nec habent
dicti Decanus & Capitulum ,
juſtitiam , Seigneuriam , ſupe-
rioritatem in partem dictorum
Odonis & Franchiſię. Tandem
ſuper pręmiſſis facta inqueſta &
viſa, viſis etiam quibuſcumque
chartis ab utraque parte productis , & auditis earum rationibus
hinc & inde propoſitis , per judicium Curiæ noſtræ fuit ordinatum, quòd indiſtinctè res acquiſitæ per dictos Religioſos à
dictis Odone & Franchiſia in
manu Decani & Capituli capi

non potuerunt, nec compellentur dicti Religiosi ponere extrà
manum suam.

Lettres de Philippe le Bel, oc-troyées à Huges Evêque de Cahors.

PHILIPPUS Dei gratiâ
Francorum Rex D. M. [x]
Mathæo de Curtibus Jumellis,
Judici ordinario Cadurcensi e-
lecto nostro salutem & dilectionem. Dilectus & fidelis noster
Episcopus Cadurcensis fecit nobis conquerédo monstrari, quòd
cùm ipse temporalitatem Episcopatus Cadurcensis à nobis *sub
unà fide, & unico homagio* teneat,
ac sui prędecessores tenuerint,

x Ces Lettres font rapportées par Guillaume de la Croix dans son histoire des Evêques de Cahors, page 187.

&

& cum hoc juramentum fideli-
tatis nobis præstare debeat, nonnulli prędecessores ipsius electi,
nonnulla de bonis temporalibus
dicti Episcopatus certis personis vendiderunt , donaverunt,
& alienaverunt *in prædicti nostri
diminutionem feodi, quod facere nullatenus potuerunt , sine nostrâ speciali
licentiâ, maximè cum dictus Electus,
& qui pro tempore fuerint Episcopi
Cadurcenses nobis ratione dicti feodi ad
certa servitia, & subsidia pro defensione regni nostri teneantur , & etiam
tenerentur, quæ nunc idem electus præstare non posset, si diminui permittere-
mus temporalitatem prædictam.* Et licet vobis ac quibusdam per nostras alias litteras commisissemus,
ut omnia quæ de temporalitate
prędictâ, per quoscumque dicti
Electi prędecessores alienata ,
seu distracta quomodolibet in-
venietis, *sine nostrâ licentiâ speciali
li, ad prædictum nostrum feodum uni-*

e

retis, & Electo restitueretis prędicto , vosque & quidam alii
Commissarii nostri pretextu plurium litterarum nostrarum , tam
vobis quàm eis super hoc direc-
tarum plura bona , quæ alienata
& distracta de temporalitate prędictâ *in nostri præjudicium feodi* tunc
inveneratis , ad manum nostram
posuissetis , & posita teneretis ,
vos , & quidam alii , procuratore nostro , & dicto Electo , vel
suis gentibus non vocatis , nonnulla de dictis bonis alienatis ,
& distractis , personis in quas
alienata fuerant , & distracta
reddidistis , & aliqua ipsis re-
credidistis eisdem , in nostrum
ac dicti Electi damnum , pręju-
dicium & gravamen. Quare vobis committimus , & mandamus
firmiter injungentes , quòd vo-
cato procuratore nostro , dicto-
que Electo , vel suis gentibus ,
& aliis evocandis , omnia & sin-

gula de bonis dictæ temporali‑
tatis alienata, vel diſtracta quo‑
modolibet , per prædeceſſores
dicti Electi , de quibus vobis le‑
gitimè conſtiterit , juxta teno‑
rem commiſſionis ſuper hoc vo‑
bis aliàs factæ, manum noſtram
reponatis , & repoſitâ ad jus , &
proprietatem dictæ Cadurcenſis
Eccleſiæ reducatis , niſi ſint ali‑
qui, qui ſuper hoc ſe opponant,
quibus ſuper prædictis libenter
auditis , necnon & procuratore
noſtro, & dicto Electo, vel ejus
gentibus, exhibeatis ſuper hoc
celeris juſtitiæ complementum.
Prædictis de quibus quęſtio re‑
feretur interim in manu noſtra
detentis , & ſi ſuper his vobis
dubium occurrerit , vel obſcu‑
rum id noſtrę curię reſcribatis,
ſub veſtro clauſum ſigillo, cer‑
tam diem procuratori noſtro, &
partibus aſſignantes. Pariſiis co‑
ram nobis. Vobis autem pareri

volumus ab omnibus in prędictis.
Datum Parisiis 10. Jun. 1313.

Extrait des Mémoires de Beſly
Avocat du Roy à Fontenay
le Comte.

MÉMOIRE eſt que Nous
Jean Vicomte de Thoars,
Seigneur de Talemond, havons
heu & receu des Relligions
& honeſte Abbé d'an Fontenel-
le XL. livres de bonne monoye
corrant, pour raiſon de l'Amortiſſement de XXX. livres *de rente*
[y] *leſqueis il avoit acqueſté* en
la Paroiſſe d'Aubigné, &c. en
témoinge de quoy nous avons
ſcélé de noſtre ſcel ce Memoire
le Jeudy emprés la Tranſlation
de S. Nicolas 1318.

y Remarquez qu'an-   Droit d'Indemnité, &
ciennement les gens   d'Amortiſſement pour
d'Egliſe payoient le   les Routes.

FIN.